加快农业转移人口市民化的战略抉择

——区域差别化梯次推进农民工落户城镇

欧阳慧 李智 等著

中国建筑工业出版社

图书在版编目（CIP）数据

加快农业转移人口市民化的战略抉择：区域差别化梯次推进农民工落户城镇 / 欧阳慧等著. —北京：中国建筑工业出版社，2023.4

ISBN 978-7-112-28501-3

Ⅰ.①加⋯ Ⅱ.①欧⋯ Ⅲ.①农业人口－城市化－研究－中国 Ⅳ.①C924.24

中国国家版本馆CIP数据核字（2023）第047814号

责任编辑：张幼平
责任校对：孙莹

加快农业转移人口
市民化的战略抉择
——区域差别化梯次推进农民工落户城镇

欧阳慧　李智　等著

*

中国建筑工业出版社出版、发行（北京海淀三里河路9号）
各地新华书店、建筑书店经销
北京鸿文瀚海文化传媒有限公司制版
北京中科印刷有限公司印刷

*

开本：787毫米×1092毫米　1/16　印张：16　字数：191千字
2023年4月第一版　2023年4月第一次印刷
定价：**68.00元**
ISBN 978-7-112-28501-3
（40850）

版权所有　翻印必究
如有印装质量问题，可寄本社图书出版中心退换
（邮政编码 100037）

前　言

数以几亿计的农业转移人口长期难以全面融入城市已经成为提升我国城镇化质量、影响中国式现代化进程的关键瓶颈，因此党的二十大报告再次明确提出"加快农业转移人口市民化"。多年的实践证明，统筹落户政策与基本公共服务均等化，持续推进以有条件有意愿农民工落户城镇为重点内容的户籍制度改革，是加快推进农业转移人口市民化最直接最有效的方式。然而，尽管当前各城市对人才已经放宽了落户限制，但在城市选择性落户背景下，农民工落户城镇依然是一个很大的痛点。

此书是国家社科基金重点项目《推进农民工落户的区域差别化政策体系构建研究》（立项号：19AJL009）的研究成果，也是课题组2020年出版著作《中国农民工落户调查》的延续与拓展研究。该项目于2019年7月立项，在研究过程中，课题组2020年对全国14个省46个地级及以上城市开展了问卷调查，2021年对全国690个城市的落户政策开展了扫描式调查，同时深入苏州、温州、台州、西安、咸阳、太原、大同、忻州、赣州、遵义、兰州、南宁、贵港、京津冀等典型地区开展实地调研，取得了一手资料，为两年多的课题研究奠定了基础。

本书顺应户籍福利差距以"城乡差距为主"向"以区域差距为

主"转变的新形势，以2015年1%人口抽样调查数据分析为基础，综合考虑城市落户压力以及农民工落户规模、意愿、条件，探索建立一种将供给侧和需求侧统筹考虑的新形势下区域差别化梯次推进农民工落户城镇的理论框架；并以大量的调查问卷和实地调研为支撑，在对比分析不同类型区域不同类型群体农民工的特征、落户意愿敏感性、落户面临障碍的基础上，结合到2035年我国基本实现现代化时的城镇化目标，模拟分析不同区域不同政策强度下的农民工落户目标情景并进行比选，构建区域差别化梯次推进农民工落户的政策体系，为完善户籍制度，加快推进农业转移人口市民化提供支撑。

一是构建了新时期区域差别化梯次推进农民工落户的理论框架及划分方案。针对当前以"城市规模"为主要维度制定差别化落户政策的缺陷，在分析中华人民共和国成立以来我国户籍制度变迁逻辑及改革方向的基础上，综合考虑城市落户压力以及农民工落户规模、意愿、条件，构建将供给侧和需求侧统筹考虑的新形势下农民工分区域差别化落户的理论框架；并基于2015年全国1%人口抽样调查数据，依托理论模型对全国农民工分区域差异化类型进行实证划分。

二是对我国所有690个城市落户政策开展了扫描式调查。调查发现，三类城市的落户门槛依然明显偏高。一是一些地理位置偏、规模不大、关注度低的城市。二是一些县级市，套用上级城市落户条件。三是一些超特大及大城市，利用积分前置条件、分值设置、落户配额设置高门槛。当前按照城市规模推进农民工差别化落户存在一定的局限性，推进农民工落户城镇需要增加"区域维度"。

三是对农民工落户的政策敏感性开展了调查。调查发现，担心失去农村土地等权益是农民工不愿意或不确定落户城镇的首要原因，保留农村"三权"可以大幅度提高农民工落户意愿，同时，工作收入改善、购房和随迁子女教育保障也可以显著提升农民工落户意愿。农民工落户意愿和敏感性呈现分地区、分群体差异化特征，需要制定差异化的策略，针对性提升农民工落户意愿。

四是基于2035年基本实现现代化对农民工落户开展了情景模拟。利用"五步法"预测了未来全国及四类地区农民工总量和特征的变化趋势，同时以政策供给和落户门槛为关键指标，模拟分析了到2035年四种不同情景下农民工的落户数量和分布。情景比选结果表明，加大政策供给，提高农民工落户意愿，是促进农业转移人口市民化的关键举措。未来应进一步加大力度保障农民工"三权"；以农民工住房保障和随迁子女教育为重点，加大政策供给力度；进一步放开放宽城市落户条件，减少农民工落户的门槛障碍；加大对重点农民工集聚城市"人地钱"挂钩政策倾斜力度，增强中心城市农业转移人口吸纳承载力。

五是结合2035年基本实现现代化目标，提出全国要按照四类地区采取不同的落户综合策略。提出了分区域围绕"谁落户、怎么落、落到哪、如何保障"确定落户策略。具体而言：（1）Ⅰ类地区以空间换容量为突破点，实行"重点突破、适度从紧、郊区为主、提升管理"落户政策；（2）Ⅱ类地区以政策提能力为突破点，实行"存量优先、渐次放开、全域承接、加大倾斜"落户政策；（3）Ⅲ类地区以创新强保障为突破点，实行"存量为主、适度宽松、分级引导、省域统筹"落户政策；（4）Ⅳ类地区以激励增意愿为突破点，实行"全面放开、取消门槛、市县为主、增强承载"落户政策。

六是系统设计了四类地区差别化的落户配套政策体系。Ⅰ类地区以解决在城市工作居住时间较长的农业转移人口群体落户为主，从严控制主城区，放宽近郊区和远郊区，进一步放开小城镇落户条件，分区引导符合条件的农业转移人口就近落户城镇，配套政策重点应从优化空间布局、加强管理和突破住房、社保难点等方面采取有力措施，统筹解决吸纳符合条件的农业转移人口落户与缓解"大城市病"问题。Ⅱ类地区逐渐放开城市落户限制，取消进城就业生活5年以上和举家迁徙的农业转移人口、在城镇稳定就业生活的新生代农民工、农村学生升学和参军进城的人口等重点人群落户限制，分期分批逐步推进农业转移人口落户，配套政策重点应放在加大基本公共服务均等化力度，创新体制机制，提升农业转移人口社会融合能力上。Ⅲ类地区全面取消城市落户限制，在尊重农业转移人口意愿的基础上，只要满足"两稳定"基本条件，就允许在就业地落户，配套政策应顺应市场规律，发挥该类城市较强的集聚力和辐射力，创新体制机制，加快解决与农业转移人口落户相关的资源要素配置问题。Ⅳ类地区全面放开落户限制，配套政策应以增强农业转移人口就地就近落户意愿为核心，以创造就业岗位、完善公共服务设施、创新城乡融合体制机制等为抓手，促进农业转移人口落户城镇。

七是聚焦重点问题提出系列重大政策建议。如，聚焦解决农民工稳定住所的问题，提出实施"1亿农民工美好安居计划"，通过政策性保障住房、购房补贴、贴息贷款等多种方式，从2021开始连续10年促进年均1000万有条件有意愿的进城存量农民工及其家属在城镇安居。聚焦城乡居民基本公共服务均等化存在的突出问题，提出不断完善与户籍制度改革相适应的基本公共服务标准化体系建设的重点举措。聚焦农民工农村"三权"维护和退出机制存在的突出问题，提出明确"三权"退出的五项基本原则、创新"三权"退出的路径、完善"三权"退出保障机制等重点举措。聚焦落户存在的"玻璃门、弹簧门"等问题，提出构建全国公开统一的户籍迁移平台。

课题部分成果经上报党中央、国务院及有关部委获批示7项、采用4项，在《宏观经济研究》《经济纵横》《城市发展研究》《宏观经济管理》等核心期刊发表论文9篇，其中被《新华文摘》、《高等学校文科学术文摘》、中国人民大学复印报刊资料《体制改革》各转载1篇。其中调研报告获国家发展改革委宏观院优秀调查报告一等奖、国家发展改革委优秀工作调研报告三等奖。

本书各章执笔人分别为：第一章，欧阳慧、李智、李沛霖；第二章，邹一南、欧阳慧；第三章，李智；第四章，欧阳慧、李智、李沛霖；第五章，欧阳慧；第六章，周振；第七章，任荣荣、李智；第八章，李晓琳；第九章，欧阳慧、李智。全书由欧阳慧、李智进行结构设计和修改定稿。本书力求在前人研究的基石上再迈进一步，受能力和时间所限，仍有诸多不足有待更深入的思考和论证。希望各位专家及读者不吝赐教，批评指正。

课题组

2022年12月5日

目 录

前言

第一章 新时期农业转移人口市民化的进展评估 …………………… 1

一、2014年以来农业转移人口市民化取得历史性突破 …………… 1

二、客观看待当前农业转移人口市民化存在的问题 ……………… 5

三、对下一步加快农业转移人口市民化的启示 …………………… 15

第二章 区域差别化梯次推进农民工落户城镇的理论框架 ………… 21

一、中华人民共和国成立以来我国户籍制度改革的演变逻辑 …… 21

二、新时期推进农民工落户城镇面临的新形势 …………………… 28

三、基于"落户难度(压力)"的区域类型划分总体思路 ………… 35

四、梯次推进农民工落户城镇的区域类型划分方法与方案 ……… 38

五、对接差别化落户需求的配套政策供给重点 …………………… 40

第三章 不同类型地区农民工典型特征和落户政策敏感性分析 …… 46

一、不同类型地区农民工典型特征分析 …………………………… 47

二、不同类型地区农民工落户意愿分析 …………………………… 53

三、不同类型地区农民工落户意愿影响因素分析 ………………… 58

四、不同类型地区农民工落户政策敏感性分析 …………………… 65

五、结论与讨论 ……………………………………………………… 70

目　录

第四章　面向 2035 年区域差别化梯次推进农民工落户城镇的目标情景和总体思路 …………………………………… 76

一、不同类型地区农民工总量及特征变化趋势分析 ………… 76

二、不同类型地区农民工梯次落户城镇的情景模拟思路与方法 … 88

三、不同类型地区农民工梯次落户城镇的情景模拟结果分析 …… 95

四、区域差别化梯次推进农民工落户城镇的总体思路 ………… 101

第五章　区域差别化梯次推进农民工落户城镇的实施路径和政策体系 ………………………………………………………… 106

一、不同类型地区的典型特征分析 ……………………………… 106

二、不同类型地区差别化梯次推进农民工落户城镇的实施路径 ……………………………………………………………… 109

三、区域差别化梯次推进农民工落户城镇的政策体系 ………… 113

第六章　区域差别化梯次推进农民工落户城镇的土地政策 ………… 124

一、改革开放以来涉及城镇化发展的土地政策演变 …………… 124

二、区域视角下土地政策与农民工落户政策的主要矛盾 ……… 131

三、区域差别化视角下农民工落户的土地政策设计及建议 …… 136

第七章　区域差别化梯次推进农民工落户城镇的住房政策 ………… 150

一、农民工城镇住房的总体状况 ………………………………… 150

二、不同类型地区农民工住房与落户意愿的关系 ……………… 154

三、不同类型地区农民工居住现状及群体间差异 ……………… 157

四、不同类型地区农民工居住意愿及群体间差异 ……………… 170

五、推进农民工区域差别化梯次落户城镇的住房政策设计及建议 …………………………………………………………… 179

第八章 区域差别化梯次推进农民工落户城镇的随迁子女教育政策… 191

一、我国农民工随迁子女教育的政策现状 …………………… 191

二、农民工子女教育基本情况及主要问题——基于对46个地级及以上城市的问卷调查………………………………………… 194

三、农民工随迁子女教育问题背后的制度性原因分析 ………… 199

四、区域差别化梯次推进农民工落户城镇的随迁子女教育政策建议……………………………………………………………… 205

第九章 区域差别化梯次推进农民工落户城镇的重大战略举措……… 211

一、实施"1亿农民工美好定居计划" ………………………… 211

二、在人口流入重点地区开展农业转移人口市民化综合改革试点………………………………………………………………… 214

三、聚焦问题，完善基本公共服务标准化体系 ………………… 216

四、加快构建全国公开统一的户籍迁移平台 …………………… 219

调查问卷……………………………………………………………… 224

第一章 新时期农业转移人口市民化的进展评估

促进有能力在城镇稳定就业生活的农业转移人口实现市民化，是新型城镇化的首要任务。加快农业转移人口市民化，不仅是提升城镇化质量、促进社会公平正义与和谐稳定、不断增强人民群众获得感幸福感安全感的客观要求，也是稳定城市产业工人队伍、扩大中等收入群体规模、支撑我国经济保持中高速增长的现实需要，还是破解城乡二元结构、畅通城乡循环、构建新发展格局的必然选择。2014年以来，我国高度重视农业转移人口市民化工作，并取得了显著成效，但同时也存在落户难与不愿落户并存、城市选择性落户现象普遍、落户隐性门槛多等突出问题。客观评估我国农业转移人口市民化的进展成效，分析存在的问题梗阻，有利于为下一阶段加快提高农业转移人口市民化质量提供参考借鉴。

一、2014年以来农业转移人口市民化取得历史性突破

（一）户籍制度改革深入推进，落户城市条件放开放宽的力度前所未有

相较于以往仅侧重于破解城乡二元制度、消除小城镇落户限制的

户籍制度改革,党的十八大以来,以放开放宽落户限制为主线的全方位、系统化户籍制度改革政策框架已基本构建并不断完善(表1-1)。2014年出台的《国家新型城镇化规划(2014-2020年)》把促进农业转移人口市民化作为提高城镇化质量的核心目标;同时,为推动改革落到实处,国家相继出台文件进一步调整了城市规模划分标准和城镇人口统计口径,推动实施差别化落户政策,制定了推动1亿非户籍人口在城市落户的方案,有针对性地全面放开放宽重点群体落户限制,建立"人地钱挂钩"和进城落户农民"三权"维护和自愿有偿退出等配套政策和机制。目前,东部沿海主要人口流入地区普遍降低了落户条件,中西部和东北地区除省会城市以外,基本全面放开了落户限制,中小城市落户门槛基本取消,一些此前落户门槛较高的大城市、特大城市持续全面放宽对普通劳动者的落户限制,超大城市建立了公开透明的积分落户制度。

(二)户籍城镇人口增长规模和速度提升显著,超过1亿农业转移人口在城镇落户

2014～2019年,户籍人口城镇化率由37.1%提高至44.38%,年均提高1.46个百分点,高于前35年年均提高水平0.9个百分点;户籍城镇人口累计增长11388万人,年均增长2278万人,分别高于常住城镇人口累计和年均增长1461万人和292万人,1亿非户籍人口落户城镇的目标提前完成。户籍城镇人口增长规模和速度达到改革开放以来最高水平,近5年(2014～2019年)的户籍城镇人口增长规模高于过去10年(2004～2014年)的累计增长,占到自1978年以来过去41年累计增长的24.3%;近5年户籍城镇人口年均增长人数是过去41年年均增长水平的2倍(图1-1)。

第一章 新时期农业转移人口市民化的进展评估

表1-1 推动城市户籍准入限制放宽的顶层设计进程

时间	文件	内容					
		超大城市 城区人口 >1000万	特大城市 城区人口500万 ~1000万	Ⅰ型大城市 城区人口300万~500万	Ⅱ型大城市 城区人口100万~300万	中等城市 城区人口50万~100万	小型城市 城区人口<50万
2013年11月	《中共中央关于全面深化改革若干重大问题的决定》	严格控制人口规模		合理确定落户条件		有序放开落户限制	全面放开落户限制
2016年9月	《推动1亿非户籍人口在城市落户方案》	户籍人口比重低的超大城市和特大城市，要进一步放宽外来人口落户指标控制，加快提高户籍人口城镇化率		社保年限要求不得超过5年 不得采取购买房屋、投资纳税等方式设置落户限制		社保年限要求不超过3年 不得采取积分落户方式	
2019年4月	国家发展改革委《2019年新型城镇化建设重点任务》	调整完善积分落户政策，精简积分项目，确保社保缴纳年限和居住年限分数占主要比例		全面放开放宽落户条件，并全面取消重点群体落户限制	全面取消落户限制		
2020年3月	《中共中央 国务院关于构建更加完善的要素市场化配置体制机制的意见》	推动超大、特大城市调整完善积分落户政策，探索推动在长三角、珠三角等城市群率先实现户籍准入年限同城化累计互认。放开放宽除个别超大城市外的城市落户限制，试行以经常居住地登记户口制度					
2020年4月	《2020年新型城镇化建设和城乡融合发展重点任务》	推动超大特大城市和Ⅰ型大城市改进积分落户政策，确保社保缴纳年限和居住年限分数占主要比例			督促Ⅱ型大城市坚决贯彻《中共中央办公厅 国务院办公厅关于促进劳动力和人才社会性流动体制机制改革的意见》，全面取消落户限制	推动Ⅰ型大城市和中小城市（含设区市和县级市）	

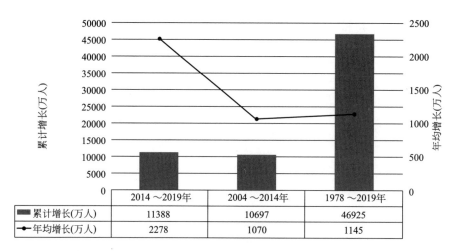

图1-1　户籍城镇人口增长

数据来源：国家统计局。

(三)配套政策体系不断健全，"三挂钩一维护"的政策框架初步形成

"人钱挂钩、钱随人走""人地挂钩、以人定地"政策框架逐渐完善。中央财政下达农业转移人口市民化奖励资金，从2016年的100亿元提高到2020年的350亿元，对落户人口较多地区的支持力度逐年加大，财政性建设资金对落户人口较多城市基础设施投资的补助机制持续优化。农业转移人口落户数量成为制定全国土地利用年度计划、安排各地区城镇新增建设用地规模的重要依据。农村土地承包权、宅基地使用权、集体收益分配权（以下简称"三权"）维护和自愿有偿退出机制持续推进，修订后的《农村土地承包法》明确要求不得以退出土地承包经营权作为农业转移人口进城落户的条件，各地积极探索农民合法性权益自愿有偿退出。2015年至2019年底，全国33个开展农村"三块地"改革的试点县（市、区）腾退零星宅基地26万户共14.5万亩。

二、客观看待当前农业转移人口市民化存在的问题

（一）落户城镇的1亿非户籍人口中农民工占比不高——基于2014年以来新增城镇人口来源分析

新增城镇人口来源包括城镇自然增长人口、乡城迁移人口、城乡区域属性调整人口三个方面，任何一方面的变动都会对城镇化水平、速度产生影响。其中，城乡区域属性调整人口是新增城镇人口的重要贡献来源。根据我国现行的《关于统计上划分城乡的规定》，城镇统计区分为城区和镇区。城区是指在市辖区和不设区的市、区、市政府驻地的实际建设（相当于城市建成区）连接到（与城市建成区连为一体）的居民委员会和其他区域；镇区是指在城区以外的县人民政府驻地和其他镇，政府驻地的实际建设连接到的居民委员会和其他区域。同时，根据国家统计局《统计用区划代码和城乡划分代码编制规则》，每个居（村）委会均被赋予代表其城乡属性的代码。每年统计部门通过变更代码确认新纳入城镇统计区的居（村）委会，以体现城镇化进程带来的城镇空间扩展。

根据对近年来我国新增城镇人口来源的分解，受城乡区域属性调整带来的新增城镇人口规模巨大，落户城镇的非户籍人口中农民工占比低于预期（表1-2）。由于统计部门对识别实际建设是否"连接到"、可以纳入城镇统计区的"其他区域"具体所指等没有统一标准，人为扩大居（村）委会范围导致每一编码对应的空间范围偏大，导致每年有不少居（村）委会级单元被调整编码进入城镇统计区，成为年度新增城镇人口的重要贡献来源。如2015年、2016年和2018年，城乡区域属性调整分别贡献了当年56.1%、50.7%和51.8%的新增城镇总人口。据公安部人口统计年报，在近年来转为城镇户籍的农业转移人口中，

城乡区域属性调整占39.8%，城中村改造占17.6%，如果算上大型基础设施征地拆迁的失地农民，应该占到新增城镇户籍人口的60%以上，实际落户的1亿非户籍人口中农民工占比不足40%。

我国每年新增城镇人口来源分解（单位：万人）　　表1-2

	城镇人口自然增长①	乡-城迁移人口②				①+②合计	城乡区域属性调整③（④-①-②）	新增城镇人口④
		新增农民工	农民工所携带非劳动年龄家眷	普通高校农村籍新生	农村籍入伍人员			
2010年	309	987.6	176.44	331.2	25	1829.2	636.8	2466
2011年	321	791.4	116.16	332.1	25	1585.7	515.3	2101
2012年	342	731.7	104.06	326.7	25	1529.5	573.5	2103
2013年	350	462	60.28	323.8	25	1221.1	707.9	1929
2014年	381	363.9	46.42	326.3	25	1142.6	662.4	1805
2015年	372	230.1	13.86	323.9	25	964.9	1235.1	2200
2016年	452	269.4	11	319.3	25	1076.7	1105.3	2182
2017年	433	435	55.22	320.2	25	1268.4	780.6	2049
2018年	317	184	17.6	319.8	25	863.4	926.6	1790

资料来源：中国统计年鉴；农民工监测调查报告；中国教育统计年鉴。

注：（1）由于国家统计局未公布城镇人口自然增长率数据，城镇人口自然增长率与全国人口自然增长率的差距呈现不断缩小趋势，自2010年以来，差距仅为0.2‰左右，因此，本书以全国人口自然增长率代替城镇人口自然增长率；（2）新进入城镇统计单元的农民工数量根据农民工调查监测报告中的外出农民工、本地农民工合并形成，其中外出农民工按90%进入城镇统计单元、本地农民工按60%进入城镇统计单元进行估算；（3）受数据可获得性限制，普通高校农村籍新生用每年的普通高校招生人数乘以当年的农村人口比例估算得到；（4）受数据可获得性限制，农村籍入伍人员采用估算值，根据公开资料，江苏省2016年征兵人数2.54万人，占总人口的0.0318%，按此比例全国约为44万人，按农村籍略高于城镇籍，估算每年农村籍入伍人员约25万人。

（二）仍有不少城市落户门槛明显偏高——基于全国690个城市的全景式调查

通过对全国各级城市调查发现，我国各地对落实国家户籍制度改革文件精神进展不一。对照国家要求，对全国县级及以上城市落户政策的调查显示，三类城市的落户门槛明显偏高（专栏1-1）。一是一些地理位置偏、规模不大、关注度低的城市，如Ⅱ型大城市齐齐哈尔、安阳，中等城市玉溪、拉萨，小城市昌都、林芝，仍以购房为落户条件。二是一些县级市，套用上级城市落户条件，如成都简阳等11市。三是一些超特大及大城市，利用积分前置条件、分值设置、落户配额设置高门槛。国家要求积分落户中，社保缴纳年限、居住年限应占分值主要比例，但目前12个实施积分制的城市中仅天津、成都社保和居住年限分值占比超过50%，其他城市离要求还有较大差距。

专栏1-1　690个不同类型城市落户政策调查

1. 城区常住人口300万以上城市：国家要求取消重点群体落户限制，但多数城市有选择地设置了复杂多样的落户门槛

（1）超大城市

8个超大城市中，重庆、东莞2020年已降为门槛落户，北京、上海、广州、深圳、天津、成都6市实施积分落户，在前置条件、分值设置、指标配额上存在"三重门"。

落户门槛最高的是北京、上海。积分前置条件上，均设置7年社保缴纳年限，年龄上限为退休前。落户指标上，每年仅配额6000人。分值设置上，存在"人才"偏好，博士积分分别占比41%和91%；而北京满五年社保缴纳年限、居住年限积分仅占比16%和5%，上海社保缴纳年限仅占比12%，居住年限不积分。

次之的是广州、深圳、成都。前置条件上，广州、深圳分别设置4年、5年社保缴纳年限，广州年龄上限为45岁，深圳男女年龄上限分

续表

别为55岁和50岁；成都设置5年社保缴纳年限。落户指标上，3市每年配额7000～10000人。积分设置上，广州、深圳存在"年龄"偏好，广州本科学位40岁以下人员可直接落户，其他人员越年轻积分越高；深圳大专35岁以下和本科45岁以下可直接落户，其他人员每超40岁1岁减2分。

最低的是天津、重庆、东莞。天津虽然实施积分落户，但前置条件仅1年社保缴纳年限且无配额限制，社保累计满5年可积122分，超过落户所需的110积分。重庆、东莞实施较低的门槛落户条件。

（2）特大城市

10个特大城市中，虽然国家允许实行积分落户，但西安、沈阳、哈尔滨、济南、青岛、郑州6市已降为门槛落户，武汉、杭州、南京、佛山4市仍实行积分落户。

积分落户城市中，佛山、杭州门槛高于天津、重庆等超大城市。积分前置条件上，佛山设置45周岁年龄上限和1年社保年限，南京设置2年社保缴纳年限。积分分值上，南京、杭州存在"人才和年龄"偏好，博士积分占比分别高达140%、75%，年龄加分最高占25%和20%；佛山存在"房产"偏好，房产面积每平方米积1分；武汉存在年龄、住房、学历偏好，本科积30分而专科才积10分，自有住宅积50分而租房1年积5分，18～30岁积30分而45岁不积分。落户指标上，佛山和杭州年配额仅分别为8000人和10000人。

门槛落户城市中，青岛、西安、哈尔滨门槛高于郑州、沈阳、济南等同等级城市。青岛4城区落户需拥有产权住房，西安要求居住证

续表

满2年并参加职工基本养老保险满1年,哈尔滨4城区要求合法稳定住所居住满3年。而郑州中心城区落户仅需城镇社保满半年或租房满一年,沈阳仅需签订已备案劳动合同或参加本市医疗或养老保险,济南已全面取消落户限制。

(3) Ⅰ型大城市

15个Ⅰ型大城市中,大连、苏州2市实行积分落户,石家庄、长沙、昆明、长春、南宁、太原、福州、无锡、厦门、合肥、宁波、中山、乌鲁木齐13市为门槛落户。

大连、苏州实行积分落户。苏州积分落户需缴纳社保满1年,且每年仅配额3000个左右的落户指标;大连需缴纳社保满半年,且社保缴纳年限、居住年限在积分分值中占比较低,满5年分别仅占37%、33%。

9市仍存在落户门槛。太原、合肥、乌鲁木齐把购房作为落户条件。中山需在本市连续居住5年和连续参加社保5年;厦门、昆明、无锡、宁波、长沙均设置了稳定居住或参加社保年限要求。

石家庄、长春、南宁、福州已无落户门槛。

2. 城区常住人口300万以下城市:国家要求全面取消落户限制,但仍有31个城市存在落户门槛

Ⅱ型大城市:4市有门槛,3市把购房作为落户重要条件。齐齐哈尔将购房作为落户条件;昆山要求居住满2年、社保满2年、人均住房面积不低于16平方米;珠海在购房基础上还需5年社保和居住年限。此外,呼和浩特租房落户需连续租赁满2年,并在房管部门备案。

续表

> 中等城市：9市存在落户门槛。玉溪、拉萨需住房才能落户。如，玉溪要求拥有产权住房或单位分配住房，租房不能落户。漳州、镇江要求较长稳定工作年限。漳州市区落户需稳定就业3年，镇江需满足"3个一"（租赁新建成套商品房、安置房、二手住房满一年，缴纳社保满一年，办理居住证满一年）。常熟实行积分落户，并将连续居住满一年作为前置条件。丹东、鹤壁、荆门、云浮4市要求稳定租赁半年。
>
> 小城市：18市存在落户门槛。昌都、林芝、山南、平果、库车5市设置购房落户条件，固原、哈密2市需稳定居住和稳定工作满一年。11个县级市套用所属地级市城区落户条件。如，成都都江堰、彭州、邛崃、崇州、简阳5市和苏州张家港、太仓采用积分落户；大连瓦房店、庄河与城区落户条件一致；长沙浏阳、宁乡需满足合法稳定就业和住所，并在长沙连续缴纳个人所得税或社保满1年。

（三）城市落户的"隐形门槛"大量存在——基于沿海人口主要流入城市的调研

通过对江苏、浙江等地沿海人口流入大市的调研发现，外来人口密集区农民工落户城镇的实际门槛依然较高，存在大量"隐形门槛"。

一是购买房屋依然是落户的重要门槛。2016年国务院办公厅印发的《推动1亿非户籍人口在城市落户方案》明确规定，大中城市均不得采取购买房屋、投资纳税等方式设置落户限制。然而，调研中发现购房以及购房面积依然是在部分城市落户的重要门槛，或是决定落户难易程度的重要条件。例如,无锡市2018年底城区常住人口达到366.6万人,属于Ⅰ型大城市,然而购买房屋以及购买房屋面积大小依然是落户条件的主要内容。根据外来人口住房情况,无锡市设置了差异化的缴纳社会保险和连续居住年限的落户门槛(表1-3)。其中,有建筑面积54平方米以上所有权住宅,仅需在本市依法缴纳社会保险并申领(签注)《江苏省居住证》均满1年即可落户;而有建筑面积54平方米以下所有权住宅和租房的外来人口分别需要满足在本市依法缴纳社会保险并申领(签注)《江苏省居住证》2年和5年的年限要求;同时,购买房屋是父母、子女和配偶投靠落户无锡的必备前置条件(表1-4)。

无锡市依据住房条件设置差异化落户门槛 表1-3

住房门槛	本市依法缴纳社会保险年限要求	申领(签注)《江苏省居住证》年限要求
在本市有建筑面积54平方米以上的所有权住宅	满1年	满1年
在本市有建筑面积54平方米以下的所有权住宅	满2年	满2年
在本市有经房产管理部门办理租赁登记备案的租赁住宅	满5年(宜兴市为满3年)	满5年(宜兴市为满3年)

资料来源:无锡市户籍准入登记规定。

无锡市亲属投靠落户门槛 表1-4

投靠落户类型	投靠落户条件
父母投靠	• 在本市有所有权住宅的无锡户籍人员 • 外地的父母,男性满60周岁或女性满55周岁
子女投靠	• 在本市有所有权住宅的无锡户籍人员 • 投靠后人均住房面积不低于18平方米
配偶投靠	• 在本市有所有权住宅的无锡户籍人员

资料来源:无锡市户籍准入登记规定。

二是普通技术工人和职业院校毕业生等部分重点人群仍然面临不平等落户限制。2016年国务院办公厅印发的《推动1亿非户籍人口在城市落户方案》明确规定，省会及以下城市要全面放开对高校毕业生、技术工人、职业院校毕业生、留学归国人员的落户限制。然而，调研中发现部分地区仅对高学历、高技能人才和留学归国人员放开了落户限制，而对普通技术工人、职业院校毕业生依然设置了参加城镇社会保险和连续居住年限要求的落户门槛。如，无锡市对普通技术工人和职业院校毕业生依然设置了1年的缴纳社会保险和连续居住的年限要求（表1-5）。

无锡市重点人群落户门槛　　　　表1-5

重点人群	本市依法缴纳社会保险年限要求	申领（签注）《江苏省居住证》年限要求
高校毕业生、中高级技术工人、留学归国人员	无	无
技术工人、职业院校毕业生	满1年	满1年

资料来源：无锡市户籍准入登记规定。

三是大城市"指标分值+落户指标+住房面积"的积分落户政策构筑了农民工落户的高门槛。调研中发现，苏州市属于Ⅰ型大城市，外来人口密集，采取流动人口积分管理办法，具体为：苏州市根据公共资源的实际情况，每年设定"入户指标数"，已纳入本市流动人口积分管理，并在市区具有合法稳定住所且人均住房面积不低于市区住房保障准入标准（人均18平方米）的流动人口可以申请积分落户。在每年"入户指标数"总量控制的基础上，由于文化程度、技能水平和房产情况在计分体系中占有较大比重，高学历、高技能人才，购买房屋人群所得分值远远高于一般普通农民工，导致普通农民工的积分排名通常靠后，处于"入户指标数"之外，积分落户的难度依然较大（专栏1-2）。

专栏1-2　苏州市流动人口积分管理计分标准

　　苏州市流动人口积分管理计分标准由三部分组成：基础分、附加分、扣减分。其中，基础分指标包括个人基本情况、参加社会保险情况和居住情况三项内容，附加分指标包括计划生育情况、发明创造、表彰奖励、社会贡献、投资纳税、公共卫生六项内容，扣减分指标包括违反计划生育政策、违法犯罪、失信行为三项内容。基础分具体计分标准如下：

　　（一）个人基本情况积分＝年龄＋文化程度得分＋职业技能等级或专业技术职称资格得分。

　　1. 年龄。

　　得分标准：18周岁以上至40周岁以下人员为10分。

　　2. 文化程度得分。

　　得分标准：大专（高职）为30分；大学本科为60分；硕士研究生为200分；博士研究生为400分。按最高学历计分，不累加计分。

　　3. 技能人才职业技能等级或专业技术人才职称资格得分。

　　得分标准：职业技能等级五级（初级工）为10分；职业技能等级四级（中级工）、专业技术资格初级职称为30分；职业技能等级三级（高级工）、专业技术资格中级职称为50分；职业技能等级二级（技师）为100分；职业技能等级一级（高级技师）、专业技术资格副高及以上为300分。按最高职业技能等级或专业技术职称资格计分，不累加计分。

续表

(二)参加社会保障情况得分。

得分标准:在苏州大市范围内参加城镇职工社会保险并缴纳社会保险费每满1个月,加5分;累计总分不超过500分。

缴纳住房公积金每满一年加5分,累计总分不超过50分。

(三)居住情况积分=房产情况得分+办理居住证年限得分。

1. 房产情况。

得分标准:本人、配偶或未成年子女在苏州市区(以下市区均不包含吴江区)拥有自有产权房建筑面积超过75m²(含75m²)且居住的为60分,75m²以上的每增加25m²加20分;多套房面积可累计计算,总分不超200分。

2. 办理居住证年限。

得分标准:在苏州市区连续居住时间每满1年加30分,最高分限300分。

资料来源:《苏州市流动人口积分管理计分标准》。

四是租房落户仍存在隐形门槛。虽然各地对合法稳定住所的认定包含了租赁住宅,但是无锡等部分地区规定仅在房产管理部门办理租赁登记备案的租赁住宅才符合落户条件,从而导致租房落户面临重重隐形门槛。如,很多农民工虽然在就业地租房多年,但大多数业主为规避"租房税费"而对合同备案采取"消极抵抗"政策。此外,不少农民工居住在"城中村"的小产权房,租赁房主也没有办法出示房产证明,更没办法备案;还有部分农民工,居住在厂里的集体宿舍更没办法出示相关证明材料。

三、对下一步加快农业转移人口市民化的启示

(一) 当前农民工落户意愿不高是现有政策供给下的农民工现实选择

政策供给不足是当前农民工落户意愿"不高"的主要原因。全国总工会于2020年4月至6月在全国范围内开展的农民工调查问卷表明,绝大多数农民工受城市工作生活条件、公共服务和福利等优势吸引,向往稳定、高质量的城市生活,如果能有效解决城市稳定就业、住房和子女就学等问题并维护其在农村的土地权益,农民工落户意愿将大幅度提升。特别是如保留农村土地权益,农民工落户意愿将提高到74.6%[①]。可见,农民工落户意愿不强的主要原因是政策供给不足,主要担心失去农村土地和集体收益,还担心工作和收入不够稳定、落户城镇后不能完全享有城镇公共服务等。

同时,居住证与城镇户籍的"含金量"还有较大差距。近年来,国家推进基本公共服务均等化在一定程度上缩小了城乡之间、区域之间因户籍制度附加功能带来的社会福利差距,但基本公共服务均等化远远没有完成,还需要较长一段时期的努力。只要城乡之间、区域之间的公共服务差距没有缩减到足够小的程度,常住人口城镇化率与户籍人口城镇化率的区分就有存在的现实意义。虽然国务院第109次常务会议通过《居住证暂行条例》,标志着国家出台的关于"城镇基本公共服务覆盖全部常住人口"政策将通过居住证制度来落实,但居住证与城镇户籍的"含金量"还有较大差距(表1-6)。

---

① 本课题组调查问卷分析结果。

居住证与城镇户籍"含金量"的差距比较　　　　表1-6

比较内容	居住证	城镇户籍
享有的公共服务内容	享有6项服务和7项便利①，但不能享有城镇户籍人口所享有的保障性住房、高考、最低生活保障、下岗工人优惠政策等社会福利，而且一些特大城市、超大城市还有对非户籍人口购买住房和汽车的"限购令"等措施	全享有
享有公共服务的先后次序	一些城市准公共产品的"后享用者"。如大部分城市对小孩上学按照一定规则进行排序，拥有居住证的外来人口，其子女就学往往排序最后，可选择的学校资源非常有限，所享有的教育资源质量也明显低于城镇户籍人口	在一些大城市，特别是北京、上海、广州等超大城市，由于受公共产品拥挤效应的影响，户籍人口往往比非户籍人口优先享有准公共产品
获取公共服务的稳定程度	《居住证暂行条例》原则上规定了持证人应依法享有就业、公共服务、证照办理便利等内容，但具体实施仍需地方政府落实，这为地方政府提供了较为宽泛的操作空间。居住证持有人在城镇享有均等化的公共服务存在反复的可能	居民获得了城镇户籍，其享受城镇公共服务的权益就受到法律保障

资料来源：课题组整理。

(二) 通过加大政策供给推进农民工落户城镇的空间依然较大

调查发现，加大政策供给可以显著提高农民工落户意愿。一是保留农村"三权"后，超过七成农民工表示愿意落户城镇。调查显示，维护进城落户农民土地承包权、宅基地使用权、集体收益分配权，愿意或可以考虑落户的农民工占比高达70.18%，其中，明确表示愿意落户的农民工占比为22.88%，提升3.78个百分点；明确表示不愿意落户的农民工比例为16.37%，显著下降了36.93个百分点（表1-7）。二是工

---

① 根据《居住证暂行条例》，居住证拥有义务教育、基本公共就业服务、基本公共卫生服务和计划生育服务、公共文化体育服务、法律援助和其他法律服务、国家规定的其他基本公共服务等6项基本公共服务，享受按照国家有关规定办理出入境证件，按照国家有关规定换领、补领居民身份证、机动车登记，申领机动车驾驶证，报名参加职业资格考试、申请授予职业资格，办理生育服务登记和其他计划生育证明材料，国家规定的其他便利等7项便利。

作收入改善、购房和随迁子女教育保障可以显著提升农民工落户意愿。在保留农村"三权"基础上，16.6%的不愿意落户农民工会因收入提高而选择落户城镇，12.15%的受访者会因为购买商品房或可以申请保障性住房而选择落户城镇，11.69%的受访者会因为随迁子女可以在城镇公立学校就读或在城镇参加高考而选择落户城镇（表1-8）。

保留农村"三权"后的农民工落户意愿　　　　表1-7

落户意愿	农民工占比/%
不愿意落户	16.37
可以考虑落户	47.3
说不清楚	13.45
愿意落户	22.88
可能落户或愿意落户合计	70.18

数据来源：农民工问卷调查。

在保留农村权益基础上，农民工愿意转为城镇户口的条件　　表1-8

条件		农民工占比/%
在城镇工作较为稳定		39.41
在城镇收入明显提高		16.60
住房保障	在城镇购买了商品房	8.29
	在城镇有条件申请保障性住房	3.86
	合计	12.15
随迁子女教育	子女能够进入城镇公立学校就读	9.64
	子女能在城镇参加高考	2.05
	合计	11.69
全家人在城镇可以团聚		2.24
在城镇不再受到城里人歧视		0.46
进一步明确落户政策、简化落户程序		2.61

数据来源：农民工问卷调查。

(三)当前按照城市规模推进农民工差别化落户存在一定的局限性

目前,我国落户政策分类的主要维度是"城市规模"的差别,落户门槛随城市规模增大而提高,这实际延续了自20世纪80年代的城市发展方针:"控制大城市规模,合理发展中等城市,积极发展小城市"。然而,单以城市规模为标准设置的差别化落户政策还存在诸多局限,亟待调整改进。

一是使落户陷入死结。一方面,农民工呈现出很强的在大城市、特大城市落户趋向,而大城市和特大城市对人口规模的严格控制,尤其是设置学历、职称等高门槛,则基本排除了农民工落户的可能。另一方面,农民工对"全面放开落户限制的中小城市和小城镇",因其就业机会和公共服务水平较低,没有较强的落户意愿。

二是特大城市采用相同落户标准存在困难。同样是特大城市和超大城市,各城市面对的农民工规模和结构有巨大差异性,显然采用相同的落户政策是不适宜的。首先,农民工规模的巨大差异。如2015年沈阳农民工数量约70.2万,仅为北京的15.0%、广州的17.5%、深圳的10.9%和东莞的12.3%。其次,农民工跨省比例的巨大差异。如重庆是我国内陆地区农民工数量最多的城市,但农民工规模不及北京、上海、广州、深圳的一半,而且跨省农民工占比不到20%,远远小于北京的90%、上海的92%、深圳的74%、广州的64%。

三是中小城市落户门槛低于大城市的要求不具有普遍适用性。有些大城市、特大城市农民工并不多,如东北地区的哈尔滨、沈阳;而东南沿海地区的一些中小城市,外来人口规模大且占常住人口的比例超过50%,如晋江、嘉兴。后者放开落户所面临的公共支出压力要远大于前者。可见,如果仅以常住人口规模达到大城市或特大城市标准就要求严控城镇户籍，以常住人口数量只达到中等城市或小城市标准就要求其全面或基本放开落户，显然不符合实际。

四是城市规模的认定存在受行政区划影响的问题。根据《关于调整城市规模划分标准的通知》，城市规模是以"城区人口"数量来认定。城市规模按这种标准来认定，受行政区划影响较大。如果某城市一旦县（市）改区，城区范围将大幅度扩大，城区人口规模也将出现较大的改变，以城市规模为标准制定的落户条件就会发生较大变化。

（四）破解"愿落不能落、能落不愿落"的两难困境是未来加快农业转移人口市民化的关键

2019年，国家发展改革委印发的《新型城镇化建设重点任务》首次提出全面取消城区常住人口300万以下的落户限制、全面放开放宽300万~500万落户条件，户籍制度改革再次提速，但农业转移人口落户意愿不高，"愿落不能落、能落不愿落"两难困境较为突出。当前人口迁移呈现出城市规模等级越高，人口净迁入率越大的特点，而与此同时，我国一直采取"控大倡小"城市人口调控方针，即控制特大城市人口，鼓励中小城镇发展，这与实际人口流动之间形成明显反差。人口流动趋势和政策导向存在的差异，导致了市民化陷入"愿落不能落、能落不愿落"的两难困境，这也是未来加快推进农业转移人口市民化的关键瓶颈问题。农业转移人口落户意愿与城市吸引力高度相关，城市规模大、行政级别高、公共服务好、就业机会多，落户意愿也就越高。2019年中国家庭金融调查数据显示，超大城市中，46.4%的跨省流动农民工愿意在居住地城镇落户，但面临较高落户门槛；城区常住人口300万以下城市基本放开了落户限制，但愿意落户的跨省流动农民工占比仅为25%。城市人口规模越大落户的难度也越大，目前只有城

区常住人口300万以下的城市放开了落户限制，意味着尽管有超过20%的农民工愿意在300万人以上的大城市落户，但因为制度限制却难以实现落户。

参考文献

1. 欧阳慧. 谨防农民工落户的隐形门槛［J］. 中国发展观察，2016（15）：32-33.

2. 欧阳慧，李智，李爱民. 进一步推动1亿非户籍人口在城市落户的政策建议：基于江苏、浙江的调研［J］. 中国发展观察，2019（23）：66-67，62.

3. 欧阳慧，李智，李沛霖. "十四五"时期我国城镇化率变化趋势及政策含义［J］. 城市发展研究，2021，28（6）：1-9.

4. 欧阳慧，李智. 适应未来发展需要的城镇化战略研究［J］. 宏观经济研究，2021（7）：16-25，88.

5. 欧阳慧，李智. 迈向2035年的我国户籍制度改革研究［J］. 经济纵横，2021（9）：25-33.

6. 程郁，赵俊超，殷浩栋，伍振军，孙成龙，揭梦吟. 分层次推进农民工市民化：破解"愿落不能落、能落不愿落"的两难困境［J］. 管理世界，2022，38（4）：57-64，81，65.

第二章 区域差别化梯次推进农民工落户城镇的理论框架

当前，我国户籍福利差距正由城乡向区域转变，农民工流入地、落户意愿、落户偏好等存在显著的区域差异。加快推进农民工在城镇落户，需要综合考虑这些差异，制定差别化的落户政策。目前按照城市规模制定的差别化落户政策在实施上存在诸多弊端，容易导致农民工落户政策失效，需要进行相应调整，实施区域差别化、梯次推动的农民工落户政策。

一、中华人民共和国成立以来我国户籍制度改革的演变逻辑

户籍制度的改革演变历程表现为其人口迁移限制和城市福利分配歧视这两大特殊职能的相互对立运动，二者对立运动的形式又内生于工业化发展的客观需要。中华人民共和国成立以来，我国的户籍制度演变大致经历了三个阶段，即中华人民共和国成立初期的重工业优先发展阶段、改革开放之后的沿海劳动密集型产业扩张阶段，以及21世纪以来发展方式向消费和内需驱动转变阶段。在每一阶段，户籍制度的两大职能相应地都表现出不同的组合方式（如表2-1所示），理解这一演变逻辑是建立农民工差别化梯次落户理论分析框架的基础。

我国户籍制度的发展演变逻辑　　　　　　　　　　表 2-1

阶段	发展特征	户籍制度职能	
		人口城乡迁移	城市福利分配
第一阶段（1958～1978年）	重工业优先发展	限制	非歧视
第二阶段（1978～2008年）	劳动密集型产业扩张	相对自由	歧视
第三阶段（2008年～）	向消费和内需驱动转变	相对自由	向非歧视转变

资料来源：邹一南：《户籍制度改革的内生逻辑与政策选择》，《经济学家》2015年第2期。

（一）第一阶段：限制性人口迁移与非歧视性城市福利分配

我国工业化是在1952年第一个五年计划出台之后起步的。基于当时的国际战略形势，我国急需建立一套以重工业为主体的工业体系，而在资本极度稀缺、劳动十分丰裕的条件下发展重工业，必然会产生一系列扭曲。重工业排斥劳动的特性以及通过工农业剪刀差转移农业剩余来积累资本的模式，内在地要求将农民束缚在土地上，而户籍制度就起到了严控农村人口进入城市、维系城乡二元体制的作用。1958年《户口登记条例》的出台标志着户籍制度的建立。以户籍制度为核心的城乡二元体制，以牺牲农民的利益为代价，使国家建立起了一套完整的工业体系，也为后来的快速发展奠定了基础。

在重工业优先发展阶段，没有城市户口的农村居民被严格限制进入城市，而城市居民都是拥有城市户口的，城市户口意味着可以享受在粮食供应、就业保障、教育医疗、住房分配等方面的一系列城市福利待遇，因而户籍制度在城市是一种非歧视性的福利分配机制，而这种城市福利的非歧视分配与城市人口的严格控制是并存的。政府一方面严格控制农村人口向城市流动，又对于特殊时期进城获得工作（通过所谓的农业户口向非农业户口的身份转化）的劳动力，给予获得与原有市民同等享受城市福利待遇的资格。这种以城市福利分配上的非歧视但对城乡人口迁移严格限制为特征的户籍制度在工业化的资本原始积累阶段，具有必然性和必要性。

(二) 第二阶段：相对自由的人口迁移与歧视性城市福利分配

到了20世纪80年代，随着国家层面资本原始积累的完成，工业化进入到了地方政府主导的阶段。此时，借助改革开放的春风，沿海地区和部分经济发达的中心城市率先走上了依靠劳动密集型产业发展的道路，成了经济增长的龙头。在这样的背景下，我国开始出现了欠发达地区的农村劳动力向发达地区城市大规模转移，依靠低劳动力成本的优势，工业化开始进入劳动密集型产业在世界范围内扩张发展的阶段。

在这样的背景下，我国开始出现了农村劳动力向城市大规模的转移，城乡封闭的大门逐渐打开。也就是说，在工业化的资本原始积累阶段，户籍制度严格限制人口迁移的职能开始松动。这种变化一方面有赖于城市产业扩张对农村转移劳动力需求的增加，另一方面也有赖于农村改革成功后粮食产量的提高和逐渐市场化。由于对农民进城后造成商品粮供应短缺的担忧不复存在，通过户籍来控制农村人口进城以保护粮食安全的制度安排失去了必要性。农村劳动力虽然可以相对自由地迁移到城市，但他们的身份并没有发生变化。农民工和城市职工最重要的区别就在于因没有城市户籍而不能享受与之相挂钩的就业保障、住房、医疗、教育、社保等一系列城市福利。也就是说，此时的户籍制度的两大职能开始表现为相对自由的人口迁移与歧视性的城市福利分配的结合。

户籍制度的这种变化是内生于工业化发展阶段的变化的。在劳动密集型产业扩张阶段，我国城市经济并存着资本密集型和劳动密集型产业，与之相应，城市劳动力市场也开始分化为二元分割的劳动力市场。根据二元劳动力市场理论，以资本密集型企业为主的一级劳动力市场所提供的是高工资、高福利、就业稳定、环境舒适的就业岗位，这些岗位上的劳动者主要是城市本地居民；以劳动密集型企业为主的二级劳动力市场，需要非熟练、低工资的员工从事不稳定的工作，这种工作不仅报酬和稳定性差，而且社会地位低，因而难以吸引城市本地劳动力，这使城市产生了对农村外来劳动力的内在需求。对于农村劳动力来说，虽然他们在城市工作，其社会身份却仍在农村。无论是工资水平还是社会地位，他们所参照的是相对落后的农村水平。因此，在农民工保留效用很低的情况下，虽然在城市低层次岗位上工作要面临着社会福利分配上的歧视，但这对他们而言不仅是可以接受的，而且是他们获取收入以改善其在农村生活水平和社会地位的重要手段。反过来，又恰能满足城市产业扩张对农村劳动力的需求。这种以相对自由的人口城乡迁移和歧视性的城市福利分配为特征的户籍制度，最大限度地适应了这一阶段工业化发展的内在需求，为劳动密集型产业的扩张提供了大量廉价的农村转移劳动力，并带来了经济的高速增长。

但是，城市内部的福利分配歧视，随着城镇化的发展逐渐积累起越来越大的社会矛盾，其最直接的后果就是使城市集聚了越来越多的非户籍居民。这些非户籍流动人口不仅会给城市带来社会秩序的不稳定，而且由于缺乏城市定居预期，其消费和投资需求也极为有限，这对经济持续增长的负面作用随着工业化进一步的发展而越发明显地体现出来。

（三）第三阶段：相对自由的人口迁移与向非歧视性转变的城市福利分配

世纪之交，以连续数年的通货紧缩为标志，我国国内经济的总供求形势开始进入了一个全新时期，买方市场第一次出现，多个行业出现持续的产能过剩。内需不足，成了阻碍工业化进一步发展的关键因素。加入世界贸易组织，为我国打开了外需拉动经济增长的大门，但在2008年世界金融危机之后，出口这架马车再也无法担负起拉动经济增长的主要动力。党的十八大提出了加快推进发展方式转变的战略部署，依靠内需拉动增长的发展模式呼之欲出（表2-2）。

在当前，我国经济中最大的内需无疑就是2.7亿农民工，依靠内需拉动经济增长，关键是提高这部分群体的有效需求。由于农民工普遍没有城市本地户籍，在城市公共福利分享上受到歧视性待遇，其消费和投资活动与城市居民表现出显著的异质性。城市就业保障、住房、子女义务教育、社会保障等方面的缺失，使农民工普遍缺乏在城市定居的预期，把自己当作城市的过客。在城市务工期间，农民工会最大程度地压低消费支出，更不会投资于城市住房。户籍制度对2.7亿农民工直接需求和引致需求的抑制，极大地影响着工业化的发展和经济增长。

因此，通过进一步深化户籍制度改革，促进农民工市民化以扩大内需，就成为工业化发展到结构调整阶段的客观要求。有研究表明，放松户籍限制，可以使农民工的消费水平提高20.8%（陈斌开等，2010），每年市民化（享受城镇户籍居民福利待遇）1000万农民工，将使我国经济增长平均加快1个百分点左右。农民工市民化可以促进居民消费和固定资产投资增长，降低经济增长对进出口的依赖程度。在促进经济增长的同时，市民化还可以改善农民工的消费结构，增加农民工对工业产品和服务业的需求，有利于提高服务业比重，优化经济结构（国务院发展研究中心课题组，2010）。

通过推进农民工落户，消除城市福利分配歧视是大势所趋。同时，城乡人口更加自由的迁移也是经济社会发展的客观要求。随着经济发展到了由投资和外需驱动转变为依靠消费和内需驱动的阶段，户籍制度的两大职能将内生地表现为自由的人口迁移与向非歧视转移的城市福利分配相结合。

中华人民共和国成立以来户籍制度的发展演变过程　　表2-2

时间	规章制度	主要内容
1950年	《关于特种人口管理的暂行办法（草案）》	特殊人口管理
	《城市户口管理暂行条例》	城市常住人口管理和登记
1953年	《全国人口调查登记办法》	常住人口的六项调查和登记
	《中共中央关于粮食统购统销的决议》	规定粮食收购和计划供应的范围
1954年	《关于继续贯彻〈劝阻农民盲目流入城市〉的指示》	限制农村人口进入城市
	内务部、公安部和国家统计局的联合通知	普遍建立农村户口登记制度
1955年	《关于建立经常户口登记制度的指示》	人口和户口变动登记和管理
	《城镇粮食定量供应暂行办法》	粮食供应、粮票和粮油转移证管理
	《关于城乡划分标准的规定》	划分农业人口和非农业人口
1956年	首次全国户口工作会议的三个文件	确立户口管理的三项任务
1958年	《中华人民共和国户口管理条例》	城乡有别的户口登记和限制迁移制度
1975年	《中华人民共和国宪法（1975）》	删除人口可以自由迁徙的条款
1984年	《中共中央关于一九八四年农村工作的通知》	允许务工农民自理口粮到集镇落户
	《关于农民进入集镇落户问题的通知》	自理口粮户口制度的实施
1985年	《关于城镇暂住人口管理的暂行规定》	流动人口的暂住管理
	《中华人民共和国居民身份证条例》	为人口管理的现代化打下基础
1989年	《关于严格控制"农转非"过快增长的通知》	控制"农转非"的速度和规模

续表

时间	规章制度	主要内容
1992年	《关于实行当地有效城镇居民户口制度的通知》	实行"蓝印户口"制度
1994年	《农村劳动力跨省流动就业管理暂行规定》	对跨省农村劳动力的就业限制
1995年	《小城镇户籍管理制度改革试点方案》	明确了农民可以进入小城镇(含县级市和建制镇)落户
1997年	《关于小城镇户籍管理制度改革试点方案》	
1998年	《关于解决当前户口管理工作中几个突出问题的意见》	进一步放松了农民进入小城镇落户的条件
2000年	《关于促进小城镇健康发展的若干意见》	允许有合法固定住所、固定职业或生活来源的农民在县级市及以下城镇落户
2001年	《关于推进小城镇户籍管理制度改革的意见》	小城镇户口根据本人意愿办理
	"第十个五年计划纲要"	促进形成城乡人口有序流动的机制
2006年	"第十一个五年规划纲要"	逐步建立城乡统一的人口登记制度
2012年	《关于积极稳妥推进户籍管理制度改革的通知》	中小城市放开落户、大城市严控人口规模
2013年	《中共中央关于全面深化改革的决定》	推进农业转移人口市民化,稳步推进城镇基本公共服务常住人口全覆盖
2014年	《国务院关于进一步推进户籍制度改革的意见》	统一城乡户口、按城市规模梯度放开落户
2015年	《居住证暂行条例》	建立居住证制度
	"第十三个五年规划纲要"	提高户籍人口城镇化率
2016年	《国务院关于深入推进新型城镇化建设的若干意见》	进一步放宽落户条件,除特大超大城市外,不得使用投资、购房、积分落户制度
2019年4月	《2019年新型城镇化建设重点任务》	按照城市规模进一步优化落户政策
2020年3月	《中共中央 国务院关于构建更加完善的要素市场化配置体制机制的意见》	按照城市规模进一步优化落户政策
2020年4月	《2020年新型城镇化建设和城乡融合发展重点任务》	按照城市规模进一步优化落户政策

资料来源:转引自:陆益龙:《户籍制度——控制与社会差别》,商务印书馆,2003年;根据相关资料整理。

二、新时期推进农民工落户城镇面临的新形势

（一）户籍福利差距由城乡向区域转变

我国户籍福利差距已从以城乡差距为主向区域差距为主转变，忽视巨大的区域发展差距和公共服务差距推进农民工落户很难行通。经过多年的改革与发展，我国的城乡二元结构已经发生了根本性的变化，由过去的剥夺性结构转变为了保护性结构。农业税费的减免，城乡医疗保险和养老保险并轨的加快，各种惠农补贴和扶贫资金大量进入农村，特别是农村土地尤其是城郊农地的潜在价值快速攀升，使得农村户籍的含金量与日俱增，与城市户籍的差距逐渐缩小（表2-3）。但与此同时，改革开放以来我国区域发展绝对差距持续拉大，由于公共服务的事权主要由地方负责，经济发展水平较高的东部地区所能提供的教育、医疗、社会保障等福利水平较高，其城市户籍的含金量就更大，而中西部地区户籍福利水平明显偏低。区域之间的户籍福利差距逐渐超过了城乡户籍的福利差距，区域分割也取代城乡分割成为户籍福利分配歧视的主要表现形式。我国不同区域经济社会发展水平不平衡和户籍含金量的显著差异，就在客观上要求我国户籍制度改革走区域化特色改革的道路，而忽视我国巨大的区域发展差距和公共服务水平差距推进农民工落户也是行不通的。

某人口流出地农村居民与城镇居民公共服务和土地政策主要差别　　表2-3

领域	项目	农村人口	城镇人口
基本公共服务	城乡居民最低生活保障	230元/人/月	420元/人/月
	农村五保、城市三无人员供养	400元/人/月	485元/人/月
	退役士兵安置	5000元/人/月	8000元/人/年

续表

领域	项目	农村人口	城镇人口
基本公共服务	有待抚恤	因公牺牲军人634元/月，因病607元/月，烈属664元/月	因公牺牲军人990元/月，因病932元/月，烈属1115元/月
社会保险	征地农转非人员基本养老保险	被征地农转非人员基本养老保险	无
	失业保险	一次性生活补贴367元	735元/月
教育	义务教育家庭经济困难住宿生补贴	小学每生每年1000元，初中1250元	无
	普通高校招生	独生女线下5分视达线	无
住房保障	农村危房改造	补助标准C级0.75万元/户，D级1.4万元/户	无
	残疾人危房改造	享有部分补贴资金	无
	公租房	无	享有
卫生计生	农村妇女"两癌"检查及救助	免费检查，救助金1万元	无
	计划生育家庭奖励扶助	独生子女家庭父母每人每年1080元，独生女家庭父母每人每年1560元	增发3%~5%养老金或退休工资
	独生子女四级以下残疾家庭扶助	符合条件的父母每人每年补助2760元	无
	农村孕产妇住院分娩补助	400元/例	无
	计划生育技术免费服务	享有	无
	再生育政策	10大类中4类仅针对农村	无
土地政策	农村集体建设用地复垦	按不低于12万元/亩补偿	无
	农村宅基地申请	人均30平方米	无
	集体组织资产分配	享有	无
	征地政策	建筑物补偿+青苗补偿+人员安置	房屋补偿

注：该地区已实施统筹城乡居民基本医疗保险制度，在很多地区，城镇居民和农村居民则分别对应城镇居民医保、城镇职工医保和新农合制度。

转引自：魏义方等：《城与乡户口含金量差别究竟有多大？》，《调查·研究·建议》，2016年2月4日。

(二) 农民工流入地区区域分化日益显著

当前，农民工流入地出现区域分化，农业转移人口落户压力呈现区域间差异（表2-4、表2-5）。一是东部沿海地区依然是农民工主要务工地区，但农民工人数持续减少。东部地区依然是农民工主要集中地区，2020年吸纳农民工就业的比重占全国农民工的53%。与2015年相比，东部地区农民工数量减少趋势最为明显，总量和占比分别减少了876万人和4.7个百分点。

二是中西部地区吸纳就业的农民工继续增加。中西部地区农民工数量持续增加，2020年总量分别达到6227万人和6279万人，分别比2015年增加628万人和1070万人，占比分别达到21.8%和22%，分别比2015年增加了1.6和3.2个百分点。全国第七次人口普查数据显示，过去十年人口增速排名前十位城市中，成都、西安、郑州、重庆等中西部中心城市榜上有名。

三是农业转移人口市民化压力主要集中在人口流入重点城市。根据2015年全国1%人口抽样调查数据显示，60%的外出农民工集中在59个重点城市，主要包括北上广深等一线城市，珠三角、长三角、闽东南等沿海人口主要流入城市，以及其他直辖市、省会城市和副省级城市，其中，约72%的跨省农民工主要集中在32个重点城市，这些城市的农业转移人口市民化压力相对较大。

按流入地分各区域农民工数量（万人）　　表2-4

年份	2015	2016	2017	2018	2019	2020
东部地区	16008	15960	15993	15808	15700	15132
中部地区	5599	5746	5912	6051	6223	6227

续表

年份	2015	2016	2017	2018	2019	2020
西部地区	5209	5484	5754	5993	6173	6279
东北地区	859	904	914	905	895	853
其他地区	72	77	79	79	86	69

数据来源：历年农民工监测调查报告。

按流入地分各区域农民工占比（%）　　　表2-5

年份	2015	2016	2017	2018	2019	2020
东部地区	57.7	56.7	55.8	54.8	54.0	53.0
中部地区	20.2	20.4	20.6	21.0	21.4	21.8
西部地区	18.8	19.5	20.1	20.8	21.2	22.0
东北地区	3.1	3.2	3.2	3.1	3.1	3.0
其他地区	0.3	0.3	0.3	0.3	0.3	0.2

数据来源：历年农民工监测调查报告。

（三）农民工落户意愿和偏好存在区域间差异

农民工落户意愿和偏好存在区域间差异，需要制定区域差别化的落户政策。问卷调查显示，不同类型地区的农民工呈现不同的落户意愿特征（表2-6）。从落户意愿看，一线城市农民工落户意愿最强，沿海外来人口密集城市次之，其他直辖市、省会城市和副省级城市和非农民工聚集城市的农民工落户意愿相对较低；从落户地点偏好看，其他直辖市、省会城市和副省级城市农民工中希望在流入地城市落户的比例最高（78.41%），其次为北上广深等一线城市（72.24%），均明显高于沿海外来人口密集城市（67.59%）和非农民工聚集城市（66%）。

不同类型地区农民工落户意愿（%） 表2-6

落户意愿	北上广深	沿海外来人口密集城市	其他直辖市、省会城市和副省级城市	其他城市
不确定	31.2	30.7	24.4	27.1
不愿意	40.2	50.0	57.9	55.5
愿意	28.6	19.4	17.6	17.3

数据来源：2020年农民工问卷调查。

（四）不区分区域类型的统一落户政策难以实施

农民工落户必然会给地方政府的公共财政开支造成压力，而不同地区财政资金来源渠道的不同决定了地方政府面对财政压力的态度。在经济转轨时期，地方政府的财政资金来源主要有自我融资和再分配两种渠道。行政级别越高的城市区域，通过再分配获得收益的能力越强，其户籍的福利含金量越大，地方政府就越不愿意放开落户，而是希望控制户籍人口规模来防止公共支出的溢出效应。经济越发达的城市区域，依靠自我融资获得收益的能力越强，其地方福利的市场化程度越高，户籍的福利含金量就越低，就越希望通过放开落户来吸引人口迁入，从而扩大税基。根据两种获得的收益能力强弱的不同组合，可以将我国区域划分为不同的类型（图2-1）。

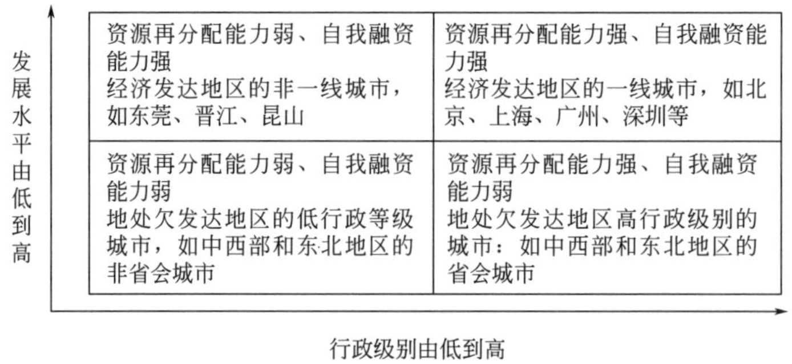

发展水平由低到高 ↑	资源再分配能力弱、自我融资能力强 经济发达地区的非一线城市，如东莞、晋江、昆山	资源再分配能力强、自我融资能力强 经济发达地区的一线城市，如北京、上海、广州、深圳等
	资源再分配能力弱、自我融资能力弱 地处欠发达地区的低行政等级城市，如中西部和东北地区的非省会城市	资源再分配能力强、自我融资能力弱 地处欠发达地区高行政级别的城市：如中西部和东北地区的省会城市

行政级别由低到高 →

图2-1 不同类型的区域

第一种类型是资源再分配能力强、自我融资能力强的区域，如北京、上海、广州、深圳等。这些区域经济发展水平很高，依靠税收实现自我融资的能力也很强，同时高行政级别也赋予了其更强的资源再分配能力，使其能够在更大范围内集聚资源。这类区域中的城市往往倾向于制定积分制落户政策，将能够给地区带来优质税基的高素质人口引入，而将低素质人口排除在户籍福利享受范围之外，避免公共支出溢出。

第二种类型是资源再分配能力弱、自我融资能力强的区域，如东莞、晋江、昆山等。行政级别较低使得这些区域无法像第一类区域那样在更大范围内进行资源再分配，其户籍含金量低于第一类区域，但依靠自身的经济繁荣，靠扩大税基实现自我融资的能力较强，因此对放开落户吸引人口迁入持更为开放的态度，落户门槛相对较低。

第三种类型是资源再分配能力强、自我融资能力弱的区域，如一些中西部和东北地区的省会城市。由于开放得比较晚，这些区域的市场化程度落后于东部发达地区，自我融资能力较弱，区域发展在很大程度上仍然依靠由其较高的行政级别所带来的资源再分配能力，甚至是以牺牲周边地区的发展为代价的。因此同第一类区域一样害怕放开落户会导致公共支出溢出，这类区域往往将落户范围局限在本地区的农业户籍人口，并倾向于将转户与土地挂钩，从而希望从户籍改革中获得来自于土地的收益，扩大自我融资能力。

第四类是资源再分配能力弱、自我融资能力弱的区域，如中西部和东北地区的非省会城市。这些区域缺乏资源再分配能力，经济发展相对落后也使得自我融资能力不强。由于户籍含金量很低，即使完全放开落户也难以吸引外来人口迁入，使得区域的自我融资能力也无法提高，区域发展处于停滞状态。

由此可见，不同类型的区域对待户籍改革有着截然不同的态度，落户政策自然也就难以统一推进。

(五) 以城市规模作为落户门槛设置标准容易导致农民工落户政策失效

目前以"城市规模"确定差别化的落户政策，体现了我国"控大放小"的城市发展方针。2014年《国务院关于进一步推进户籍制度改革的意见》明确了按照城市规模等级调整户口迁移政策的思路，分为建制镇和小城市、中等城市、大城市、特大城市4类，落户门槛随城市规模增大趋于提高。而在2016年《国务院关于深入推进新型城镇化建设的若干意见》中，采用了"除极少数超大城市外""除超大城市和特大城市外"等"两分法"的表述，即将超大城市和特大城市作为一类，其他城市作为一类。在《国家"十三五"规划纲要》中，采用了"省会及以下城市""大城市""大中城市""超大城市和特大城市"的表述，呈现出"城市规模+行政级别"共同使用的特点。

以城市规模作为落户门槛设置标准容易导致农民工落户政策失效。资源再分配能力和自我融资能力均较强的一些特大和超大城市，一方面户籍含金量高，另一方面城市的发展又要依靠外来人口，其在处理外来人口落户问题时处于矛盾状态。因此，如果仅仅采用简单的积分落户制度，将只会使高学历、高技能、财富多的人获得落户资格，农民工落户政策变成了人才落户政策，落户者不是农民工而是外来的城镇居民，从而导致落户政策失效。同时，虽然中央提出"建立财政转移支付同农业转移人口市民化挂钩机制"，如果在财政转移支付制度设计上过分强调与户籍制度的匹配，那么很可能会鼓励一些地方政府将大量农业户口集中转为城镇户口而冒领或骗取国家财政转移支付资金，这将可能导致落户城镇的并非真正的农民工，而真正的外来农民工仍无法落户。

三、基于"落户难度（压力）"的区域类型划分总体思路

（一）划分思路

推进农民工落户不仅要考虑城市的承接压力状况，而且要考虑农民工自身条件的差异。城市的承接压力，也就是城市的落户难度，主要受农民工规模和跨省农民工的比例影响。一般来说，农民工数量越多的城市，承接压力越大。同时，考虑到在当前我国社会福利筹资高度分权化且跨省的公共服务和社会保障方面的财政统筹还没有建立的情况下，城市解决跨省农民工的成本和难度高于省内农民工，跨省农民工比例越高的城市，承接压力也越大。农民工自身条件的差异，对应于农民工的落户能力。考虑到举家迁移和长期进城的农民工落户意愿和落户能力更强，新生代农民工相对于老一代农民工是更容易市民化的群体，因此应将举家迁移、长期进城、新生代农民工作为推进农民工落户的重点群体。根据以上分析，要积极有效地推进农民工落户，必须按照以下步骤进行分区域分群体划分。

（二）依据落户难度（压力）进行区域差别划分

1. 农民工集中区域

农民工落户压力最大的地区，首先应该是农民工数量最多的区域。如前所述，现行的按城市规模区分的差别化落户政策并不能有效地筛选出集中农民工最多的城市，从而不能根据落户压力制定出有效的落户供给政策。而以农民工数量多少区分出不同区域，则能够更好地突

出不同区域的落户压力的不同,进而制定出有效的落户供给政策。

根据2015年全国1%人口抽样调查数据,分析发现全国外出农民工的60%集中在59个地级市,这59个地级市中,每个城市的农民工数量均超过55万,除此之外的另外277个地级市,仅吸纳了40%的农民工;外出农民工中的跨省农民工,约72%集中于32座城市,集中度更加明显,这些城市是重点中的重点。根据二八原则,如果能够解决这59个农民工聚集区城市的农民工落户问题,就基本解决了全国的农民工落户问题。

2. 跨省农民工集中区域

落户难度(压力)还取决于迁移距离的不同。对于农民工来说,迁移距离越大往往所预期的收入和各方面福利待遇就越高,要想使之在城市定居,仅通过居住证很难满足要求,而必须提供户籍所对应的全部公共服务,这无疑是对城市财政能力的挑战。对于城市政府来说,由于财政预算中的公共支出是以户籍人口计算的,对从异地迁移而来的农民工往往缺乏公共支出的财政安排。在社会福利筹资高度分权化的情况下,跨省的公共服务和社会保障方面的财政统筹还没有建立,对于外出农民工尤其是跨省农民工来说,从体制上没有对其提供公共服务支出的财政安排,只能靠各地城市的政府根据自身的情况酌情实施,而中央政府的指导意见对具体政策的落实只能起到间接的影响作用。由于外出农民工主要集中于地级以上的大城市,跨省迁移农民工更是集中于少数特大和超大城市,因此规模较大的城市往往在实施落户方面比规模较小的城市有更大的难度。

表2-7显示了我国近年来跨省、省内和本地农民工的数量和比例分布情况。可以看出,外出农民工和跨省农民工在农民工总量中占据了

较大比重。表2-8显示了不同农民工群体在不同类型城市的分布情况，可以看出，外出和跨省农民工有向规模较大城市集中的倾向。

我国农民工分布及构成情况　　　　　表2-7

	本地农民工/万人	外出农民工/万人		本地农民工/%	外出农民工/%	
		跨省	省内		跨省	省内
2009年	8445	7441	7092	36.8	51.2	48.8
2010年	8888	7229	7618	36.7	50.3	49.7
2011年	9415	7473	8390	37.2	47.1	52.9
2012年	9925	7647	8689	37.8	46.8	53.2
2013年	10284	7739	8871	38.2	46.6	53.4
2014年	10574	7867	8954	38.6	46.8	53.2
2015年	10863	7745	9139	39.2	45.9	54.1
2016年	11237	7666	9268	39.9	45.3	54.7
2017年	11467	7675	9510	40.0	44.7	55.3
2018年	11570	7594	9672	40.1	44.0	56.0
2019年	11652	7508	9917	40.1	43.1	56.9
2020年	11601	7052	9907	40.6	41.6	58.4

资料来源：农民工调查监测报告。

2015年外出农民工流向分布及构成　　　　　表2-8

	合计	直辖市	省会	地级市	小城镇	其他
外出农民工总量/万人	16884	1460	3811	5919	5621	73
其中：跨省流动/万人	7745	1188	1752	3258	1473	73
省内乡外流动/万人	9139	272	2059	2660	4148	0
外出农民工构成/%	100.0	8.6	22.6	35.1	33.3	0.4
其中：跨省流动/%	45.9	7.0	10.4	19.3	8.7	0.4
省内乡外流动/%	54.1	1.6	12.2	15.8	24.6	0

资料来源：农民工调查监测报告。

四、梯次推进农民工落户城镇的区域类型划分方法与方案

（一）划分方法

根据城市压力的不同，以4个直辖市和335个地级行政单元为基本空间单元，将全国划分为农民工分布的不同区域类型。

首先，将全国339个基本空间单元，按照吸纳农民工规模大小划分为农民工聚集区和非农民工聚集区。将全国339个基本空间单元，按现有农民工数量由多到少排列，农民工数量在全国的累计占比位于前60%的城市划分为全国农民工集聚区。农民工聚集区是吸纳农民工数量最多的城市，根据2015年全国1%人口抽样调查数据，农民工集聚区城市共59个。非农民工聚集区城市是全部地级城市中除59个农民工聚集区城市之外的城市，这些城市的农民工落户难度（压力）较小。

其次，在农民工聚集区内，进一步划分跨省农民工聚集区和省内农民工聚集区。跨省农民工聚集区是指跨省农民工占农民工总量的比重超过40%的城市，共计32个；省内农民工聚集区是指省内农民工占农民工总量的比重高于60%的城市，共计27个。这一划分将不同迁移距离的农民工区分开来。由于涉及福利统筹分权化条件下公共支出的溢出效应，跨省农民工较多的城市，实现落户的难度较大，而省内农民工聚集区的城市，实现农民工落户的难度（压力）相对较小。

最后，在跨省农民工聚集区内，进一步将北京、上海、广州、深圳四个一线城市划分出来。这四个城市在跨省农民工聚集区城市中，吸纳农民工数量最多、跨省农民工占比最大，同时因其行政级别较高，在城市体系中地位特殊，经济和财政实力强，公共服务和社会保障水平较高，因而户籍的"含金量"更高，相对而言是中国城市体系中落户难度最大的城市，因此将其单列为一类。

(二) 划分方案

如表2-9所示，四类地区主要特征如下。

Ⅰ类地区，主要包括北京、上海、深圳、广州4个城市。2015年农民工占全国的13.76%，其中省内农民工和跨省农民工分别占全国的4.45%和27.91%。

Ⅱ类地区，主要包括除Ⅰ类地区之外的珠三角、长三角、闽东南地区主要城市，共计28个城市。2015年农民工占全国的25.46%，其中省内农民工和跨省农民工分别占全国的13.03%和44.35%。

Ⅲ类地区，主要包括除Ⅰ、Ⅱ类地区之外的其他直辖市、省会城市及副省级城市，共计27个城市。2015年农民工占全国的20.05%，其中省内农民工和跨省农民工分别占全国的24.23%和13.71%。

Ⅳ类地区，指其余地级市单元，共计277个地级单元。2015年农民工占全国的40.73%，其中省内农民工和跨省农民工分别占全国的58.29%和14.02%。

农民工迁入区域类型划分表　　　　表2-9

类型		城市名单	个数/个	占全国农民工的比重/%	占全国省内农民工人口比重/%	占全国跨省农民工人口比重/%
跨省农民工集聚区	Ⅰ类地区：北上广深	北京、上海、深圳、广州	4	13.76	4.45	27.91
	Ⅱ类地区：珠三角、长三角、闽东南部分城市	• 长三角：南京、苏州、扬州、镇江、泰州、无锡、常州、南通、杭州、宁波、湖州、嘉兴、舟山、绍兴、温州、台州、金华 • 珠三角：东莞、佛山、中山、江门、珠海、惠州、肇庆 • 闽东南：福州、厦门、漳州、泉州	28	25.46	13.03	44.35

续表

类型		城市名单	个数/个	占全国农民工的比重/%	占全国省内农民工人口比重/%	占全国跨省农民工人口比重/%
省内农民工集聚区	Ⅲ类地区：其他直辖市、省会城市及副省级城市	天津、重庆、成都、武汉、郑州、长沙、合肥、南昌、太原、石家庄、济南、青岛、大连、沈阳、哈尔滨、长春、昆明、南宁、贵阳、呼和浩特、西安、海口、乌鲁木齐、兰州、银川、西宁、拉萨	27	20.05	24.23	13.71
非农民工集聚区	Ⅳ类地区：其余地级市（区、盟）	略	277	40.73	58.29	14.02
	合计		336	100	100	100

注：（1）农民工集聚地区指城市农民工数量从高到低排列，农民工数量累计占比位于前60%的城市。

（2）跨省农民工集聚地区指跨省农民工占比超过40%的地区。

（3）省内农民工集聚地区指省内农民工占比超过60%的地区。

五、对接差别化落户需求的配套政策供给重点

（一）公共服务政策

从对接农民工落户需求的角度，政府的公共服务政策供给一方面要提高公共服务水平，减轻公共服务的竞争性；另一方面要破除制度规则的障碍，取消公共服务的排他性。但是，公共服务本身是异质性的，有些公共服务的边际成本高，有些公共服务的流动性强，简单地通过放开农民工落户使之获得所有公共服务的使用权，而不根据公共服务的不同性质出台相应的配套措施，则将使城市公共服务体系陷入混乱。我们把不同类型的公共服务整理在图2-2中，横轴代表公共服务的流动性程度，即公共服务随人口流动而在不同地区间的可转移性；

纵轴代表公共服务的边际成本，即新增一个使用者所增加的成本。

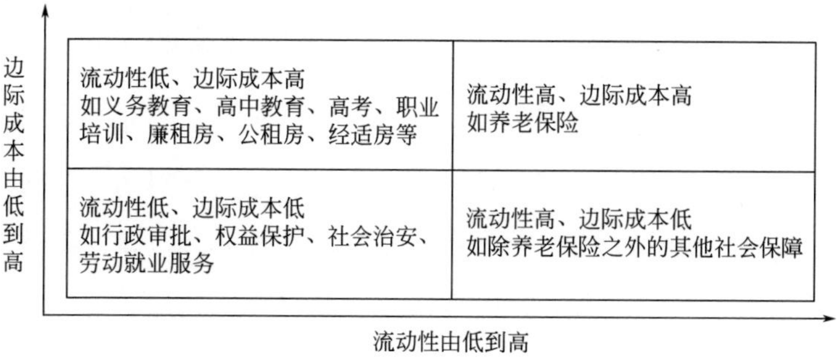

	流动性低、边际成本高 如义务教育、高中教育、高考、职业培训、廉租房、公租房、经适房等	流动性高、边际成本高 如养老保险
	流动性低、边际成本低 如行政审批、权益保护、社会治安、劳动就业服务	流动性高、边际成本低 如除养老保险之外的其他社会保障

（边际成本由低到高 ↑；流动性由低到高 →）

图 2-2 不同类型的公共服务

第一，对于低流动性、低边际成本的公共服务，诸如行政审批、权益保护、社会治安、劳动就业服务等。这类基本公共服务的边际成本主要体现在行政管理的成本方面，相对来说投入较小，同时这类公共服务又是属地化的，流动性较低。因此，对于这类公共服务，农民工迁入城市的地方政府理应承担供给责任，而上级政府则应当以常住人口为基数来制定相关职能部门的人员编制与预算定额，而非以户籍人口为基数。

第二，对于高流动性、低边际成本的公共服务，诸如医疗保险、失业保险、工伤保险、生育保险等除了养老保险之外的社会保险等。这类公共服务相对于教育、住房、养老等来说，边际成本较低，同时会随着人口在不同地区迁徙而相应地转移。因此，对于这类公共服务，仍然应该主要由农民工迁入城市的地方政府来承担供给责任，但与此同时，上级政府特别是中央政府也须为它们在不同地区间的流动提供制度保障。

第三，对于低流动性、高边际成本的公共服务，诸如义务教育、高中教育、就地参加高考、职业技能培训、廉租房、公租房和经适房等。这类公共服务的低流动性体现在它们的属地性上，公共服务的使用是与人口所在城市挂钩的。同时，这些公共服务需要相应的服务设施及专业技术人员来生产和提供，而公共服务设施的建设及维护、专业技术人员的薪酬及培养等方面都需要大量的经费投入。当城市中既有服务设施的承载能力趋于饱和的情况下，外来人口进入所带来的新增需求的边际成本是比较高的，而且需要长期持续的投入。正因为这方面的原因，许多城市不得不设置各种准入条件将绝大部分的城市非户籍人口及其家属排除在这类公共服务的受益范围之外。对此，一方面鉴于当地政府在城市规划、服务设施建设、流动人口管理等方面具有信息优势，再加上公共服务本身的低流动性，城市政府应承担一定的供给责任；另一方面，上级政府尤其是中央政府应与地方政府建立成本分担机制，通过实施将新增市民化人口与中央财政转移支付相挂钩等方式来适当减轻当地政府的财政压力，并通过制度创新（如教育的对口援助）缩小不同地区的公共服务差距，更好地促进基本公共服务均等化。

第四，对于高流动性、高边际成本的基本公共服务，诸如养老保险等。由于这类公共服务直接与个人权利相挂钩，所以会随着人口迁徙而在不同地区间转移，流动性较强，同时政府还需要为此支付较高的边际成本。过去由于我国养老保险的统筹层次比较低，使得流动人口在不同地区间迁徙时不能顺畅地转移接续养老保险关系，自2010年起实施的《城镇企业职工基本养老保险关系转移接续暂行办法》在一定程度上缓解了该问题。但与此同时，养老保险的支出责任并没有做出相应的调整，仍以地方政府为责任主体。随着"老龄化"社会的到来，这种由地方政府承担主要支出责任的模式并不具有可持续性。鉴于此，中央政府应该在这类高流动性、高边际成本的公共服务领域承担更大份额的支出责任，而地方政府则承担辅助责任。以养老保险为例，我国亟须建立全国统一的养老保险体系，实现全国统筹，同时考虑到各级经济发展水平等方面的差异，在全国统一标准的基础上，应允许地方政府根据当地实际情况建立地方性的养老金标准作为补充。

（二）产业政策

产业是人口的载体，为实现农民工差别化落户，应在不同类型地区实施相应的产业政策，引导人口有序流动。对于Ⅰ类地区，应促进主城区产业向外围地区疏散，增强产业布局对农民工落户空间的引导作用。在减少主城区在经济、文化等功能定位绝对优势地位的同时，注重郊区新城的综合功能培育，引导人口向近郊区、远郊区迁移。对于Ⅱ类地区，应加快产业结构升级的步伐，促进劳动密集型产业向中西部地区转移，实现本地高端制造业、现代服务业的集聚化、专业化发展。在实现产业转移的同时，带动劳动力向中西部地区转移，减少跨省农民工对本地落户的压力。对于Ⅲ类地区，应加快构建本省内城市之间的产业合理分工体系；应结合资源禀赋和区位优势，明确主导产业和特色产业，强化大中小城市和小城镇产业协作协同，逐步形成横向错位发展、纵向分工协作的发展格局，引导省内农民工向本省其他非省会城市有序转移。对于Ⅳ类地区，应加大基础设施投资力度，提高城市的产业支撑配套能力；通过主动承接发达地区的产业转移，承接农民工转移落户。

（三）就业政策

就业是农民工在城市落户的基础，针对几类落户能力强的重点人群，应实施相应的就业促进政策，以巩固其在城市落户的能力。对于长期进城的农民工，对从事个体私营企业经营的，应给予其税收和贷款方面的优惠政策，解决其在创业发展过程中的实际困难，稳定其定居预期；对受雇于人的，应协调用人单位，加快推进此类农民工社会保障的建立和完善，切实提高劳动权益维护力度，提高其就业的正规化程度。对于新生代农民工，应为其免费进行就业技能培训，在实施高技能人才工程、新成长劳动力技能提升、在岗职能技能提升、企业新型学徒制培训等计划时向新生代农民工倾斜。对于举家迁移农民工，在根据其自身特征相应地实施前两类农民工的就业帮扶政策的同时，应探索建立农民工随迁家属的就业扶持计划，引导农民工用工单位在招工时优先考虑农民工家属的就业安排，提高其就业的稳定性。

参考文献

1. 邹一南. 户籍制度改革的内生逻辑与政策选择[J]. 经济学家，2015（4）.
2. 陈斌开，陆铭，钟明桦. 户籍制约下的居民消费[J]. 经济研究，2010（增刊）.
3. 国务院发展研究中心课题组. 农民工市民化对扩大内需和经济增长的影响[J]. 经济研究，2010（6）.
4. 陆益龙. 户籍制度：控制与社会差别. 北京：商务印书馆，2003.
5. 王小鲁，夏小林. 中国城市化路径与城市规模的经济学分析[J]. 经济研究，2010（10）.
6. 贺雪峰. 城市化的中国道路[M]. 北京：东方出版社，2014.
7. 宋锦，李实. 小城镇户籍制度改革对劳动力市场职业分割的影响[J]. 中国农村经济，2013（10）.
8. 王太元. 剥离附着利益还户籍制度真面目[J]. 中国经济周刊，2009（12）.
9. 谢宝富. 居住证积分制：户籍改革的又一个"补丁"?：上海居住证积分

制的特征、问题及对策研究［J］. 人口研究，2014（1）.

10. 姚俊. 农民工参加不同社会养老保险意愿及其影响因素研究：基于江苏五地的调查［J］. 中国人口科学，2010（1）.

11. 王阳. 居住证制度地方实施现状研究：对上海、成都、郑州三市的考察与思考［J］. 人口科学，2014（3）.

12. 蔡昉，都阳. 转型中的中国城市发展［J］. 经济研究，2003（6）.

13. 纪月清，刘迎霞，钟甫宁. 家庭难以搬迁下的中国农村劳动力迁移［J］. 农业技术经济，2010（11）.

14. 侯力. 户籍制度改革的新突破与新课题［J］. 人口学刊，2014（6）.

15. 童光辉，赵海利. 新型城镇化进程中的基本公共服务均等化：财政支出责任及其分担机制：以城市非户籍人口为中心［J］. 经济学家，2014（11）.

第三章 不同类型地区农民工典型特征和落户政策敏感性分析

目前，我国农业转移人口落户意愿整体偏低，其主要原因是政策供给不足。提高农业转移人口落户意愿需要科学精准加大政策供给，一方面需要分地区研究农业转移人口落户意愿的特征，另一方面需要分地区研究落户意愿的政策供给敏感性。本章围绕"不愿意落户"的问题，重点研究以下几个问题：（1）我国农民工落户意愿分地区的主要特征；（2）不同政策供给对农民工落户意愿的影响；（3）农民工落户意愿对不同政策供给敏感性的分地区差异。本章采用的数据来自国家发展改革委会同全国总工会于2020年4月至6月在全国范围内开展的农民工问卷调查，问卷包括了个人及家庭基本情况，就业情况，落户情况及意愿，社会保险，养老、子女抚养和教育，居住情况和社会交往等七大部分，共计90个问题，调查范围涉及全国14个省份的46个地级及以上城市（表3-1），调查回收问卷23381份，有效问卷回收率达到99.36%，为未来一段时期我国应对城镇化放缓趋势，找到制约农业转移人口市民化质量"牛鼻子"的解决路径，提供了重要支撑。

问卷调查城市名单　　　　　　表3-1

序号	省、直辖市	省会城市	计划单列市	其他地级城市
1	北京			
2	上海			
3	重庆			
4	浙江	杭州	宁波	温州、台州、金华、嘉兴
5	江苏	南京		苏州、泰州、南通、徐州
6	广东	广州	深圳	东莞、中山、汕头
7	山东	济南	青岛	烟台、潍坊、菏泽、临沂
8	河南	郑州		洛阳、商丘、安阳、周口
9	湖南	长沙		株洲
10	湖北	武汉		宜昌、襄阳
11	四川	成都		南充
12	贵州	贵阳		遵义
13	陕西	西安		宝鸡、榆林、延安
14	辽宁	沈阳	大连	营口

资料来源：作者根据问卷汇总。

一、不同类型地区农民工典型特征分析

（一）农民工人口特征

如表3-2所示，新生代农民工整体占比超过70%，Ⅰ类地区20世纪80年代出生的农民工占比最高，Ⅱ类和Ⅲ类地区90后农民工占比较高，Ⅳ类地区老一代农民工占比较高。整体看，调查显示，75.9%的受访农民工出生于1980年以后，其中32%的农民工为90后。分四类地区看，新生代农民工均占据主体地位，四类地区中20世纪80年代以后出生的新生代农民工占比分别为76.1%、76.6%、76.9%和74.7%。其中，Ⅰ类地区20世纪80年代出生的农民工占比最高，达到46.5%，远高于其他三类地区；Ⅱ类和Ⅲ类地区90后农民工占比相对较高，比重分别

达到34.6%和33.3%，Ⅳ类地区老一代农民工占比达到25.3%，占比高于其他三类地区和样本整体平均水平。

年龄特征（单位：%） 表3-2

年龄组份	全部样本	Ⅰ类地区	Ⅱ类地区	Ⅲ类地区	Ⅳ类地区
20世纪80年代以前	24.1	23.9	23.5	23.1	25.3
20世纪80～90年代	43.9	46.5	41.9	43.6	44.7
20世纪90年代后	32.0	29.6	34.6	33.3	29.9
合计	100.0	100.0	100.0	100.0	100.0

数据来源：农民工问卷调查。

如表3-3所示，高中以下学历农民工整体占比超过六成，Ⅲ类地区农民工受教育水平最高。整体看，调查显示，64.4%的受访农民工仅具有高中及以下学历，其中初中及以下学历占比达到32.4%，具有大学本科及以上农民工占比仅为12%。分四类地区看，Ⅲ类地区农民工受教育水平远高于其他地区，大专、高职学历农民工占比为26.1%，分别高于Ⅰ类、Ⅱ类、Ⅳ类地区4.5、4.9、2.2个百分点；大学本科及以上学历农民工占比达15.7%，分别高于Ⅰ类、Ⅱ类、Ⅳ类地区5.1、6、4.6个百分点。

受教育水平特征（单位：%） 表3-3

受教育水平	全部样本	Ⅰ类地区	Ⅱ类地区	Ⅲ类地区	Ⅳ类地区
初中及以下	32.4	36.9	37.2	29.1	30.5
高中、中专或技校	32.0	31.0	31.9	29.2	34.6
大专、高职	23.6	21.5	21.2	26.1	23.8
大学本科	11.6	10.2	9.4	15.1	10.8

续表

受教育水平	全部样本	Ⅰ类地区	Ⅱ类地区	Ⅲ类地区	Ⅳ类地区
硕士研究生及以上	0.4	0.4	0.3	0.6	0.3
合计	100.0	100.0	100.0	100.0	100.0

数据来源：农民工问卷调查。

如表3-4所示，超过七成农民工已婚，Ⅳ类地区已婚农民工占比较高，Ⅰ类和Ⅲ类地区单身农民工占比较高。整体看，调查显示，74.3%的受访农民工已婚，23.4%的受访农民工未婚。分四类地区看，Ⅳ类地区已婚农民工占比最高，达到78.1%，Ⅰ类和Ⅲ类地区单身农民工占比相对较高，分别有26%和26.5%的农民工未婚，远高于样本平均水平和其他类型地区。

婚姻状况（单位：%）　　表3-4

婚姻状况	全部样本	Ⅰ类地区	Ⅱ类地区	Ⅲ类地区	Ⅳ类地区
离异	2.0	2.3	1.9	2.2	1.7
丧偶	0.3	0.2	0.2	0.3	0.4
未婚	23.4	26.0	23.9	26.5	19.9
已婚	74.3	71.5	74.0	71.0	78.1
合计	100.0	100.0	100.0	100.0	100.0

数据来源：农民工问卷调查。

（二）农民工就业收入典型特征

如表3-5所示，超过85%的农民工具有稳定工作，Ⅰ类和Ⅱ类地区农民工工作更加稳定，Ⅲ类和Ⅳ类地区无稳定工作或待业农民工占比较高。整体看，85.6%的农民工具有固定工作，12.7%的农民工无固定工作，0.9%的农民工处于待业状态。分四类地区看，Ⅰ类和Ⅱ类地区农民工就业更加稳定，分别有89.9%和92.7%的农民工具有稳定工作，占比远高于样本平均水平和其他类型地区；Ⅲ类和Ⅳ类城市无固定工作或待业的农民工占比分别为19.6%和14.8%，高于样本平均水平6和1.2个百分点。

农民工就业状态（单位：%） 表3-5

工作状态	全部样本	Ⅰ类地区	Ⅱ类地区	Ⅲ类地区	Ⅳ类地区
无固定工作	12.7	8.6	5.8	18.2	14.0
失业	0.9	0.6	0.7	1.4	0.8
有固定工作	85.6	89.8	92.7	79.6	84.4
其他	0.8	1.0	0.8	0.8	0.8
合计	100.0	100.0	100.0	100.0	100.0

数据来源：农民工问卷调查。

如表3-6所示，近五成农民工从事制造业，Ⅰ类和Ⅲ类地区从事服务业农民工占比相对较高，Ⅱ类地区从事制造业农民工占据主体，Ⅳ类地区从事新兴行业农民工占比相对较高。整体看，48.5%的农民工从事制造业，23.4%的农民工从事外卖、快递等新兴业态，16%的农民工从事生产性服务业，这是吸纳农民工就业最主要的三类行业。分地区看，Ⅰ类和Ⅲ类地区从事服务业的农民工比重远高于其他类型地区，分别有33.1%和25.5%的农民工从事服务业，远高于Ⅱ类地区的18.1%和Ⅳ类地区的17.5%。Ⅱ类地区从事制造业的农民工占比达到66.5%，远高于其他类型地区。Ⅲ类和Ⅳ类地区从事外卖、快递等新兴行业的农民工占比分别达到17.8%和29.4%，远高于Ⅰ类地区的19.1%和Ⅱ类地区的10.9%。

农民工就业行业分布（单位：%）　　　　表3-6

行业分布	全部样本	Ⅰ类地区	Ⅱ类地区	Ⅲ类地区	Ⅳ类地区
制造业	48.5	41.6	66.5	35.4	49.1
建筑业	6.5	6.1	4.5	11.4	4.0
生产性服务业	5.6	10.5	8.9	5.0	2.5
生活性服务业	16.0	22.6	9.3	20.5	15.0
其他新兴行业	23.4	19.1	10.9	27.8	29.4
合计	100.0	100.0	100.0	100.0	100.0

数据来源：农民工问卷调查。

如表3-7所示，超过四成农民工月收入低于3500元，近8成农民工月收入低于8000元，Ⅲ类和Ⅳ类地区农民工收入水平尤为偏低。整体看，农民工收入整体水平依然不高，78.7%的农民工月收入不足5000元，其中，42.8%的农民工月收入不足3500元。分四类地区看，Ⅲ类和Ⅳ类地区农民工收入水平尤为偏低，分别有79.2%和88.4%的农民工月收入不足5000元，其中分别有46.5%和57.3%的农民工月收入不足3500元。

农民工收入情况（单位：%）　　　　表3-7

收入组份	全部样本	Ⅰ类地区	Ⅱ类地区	Ⅲ类地区	Ⅳ类地区
3500以下	42.8	26.3	24.2	46.5	57.3
3501～5000元	35.9	40.0	44.9	32.7	31.1
5001～8000元	17.0	26.1	24.4	16.8	9.4
8000元以上	4.4	7.6	6.5	4.1	2.2
合计	100.0	100.0	100.0	100.0	100.0

数据来源：农民工问卷调查。

(三）农民工迁移典型特征

如表3-8所示，进城5年以上农民工占比接近七成，Ⅰ类地区长期进城农民工占比相对较高。整体看，进城5年以上农民工占比达到68.3%，其中进城10年以上农民工占比达到43.8%。分四类地区看，Ⅰ类地区长期进城农民工占比最高，其中进城10年以上农民工占比达到48.5%，进城5年以上农民工占比达到71.8%，远高于其他类型地区城市。

农民工在同一城镇居住时间（单位：%） 表3-8

进城时间	全部样本	Ⅰ类地区	Ⅱ类地区	Ⅲ类地区	Ⅳ类地区
10年以上	43.8	48.5	47.8	38.9	43.6
5～10年	24.5	23.3	22.5	25.6	25.5
3～5年	12.5	12.8	10.9	13.8	12.3
3年以下	19.2	15.4	18.8	21.7	18.6
合计	100.0	100.0	100.0	100.0	100.0

数据来源：农民工问卷调查。

如表3-9所示，近六成结婚且有子女的农民工实现举家迁徙，Ⅰ类地区农民工家属未随迁进城的比例相对较高。整体看，在结婚且有子女的农民工受访者中，57.3%的受访者家属随迁进城，22.4%的农民工家属留守农村或在其他城镇。分四类地区看，Ⅲ类和Ⅳ类地区农民工家属随迁比例最高，分别有63.1%和63.3%的农民工家属居住在同一城镇，远高于Ⅰ类地区的41.4%和Ⅱ类地区的48.5%；Ⅰ类地区农民工家属未随迁进城的比重最高，有27.6%的农民工家属留守农村或在其他城镇，远高于样本整体水平和其他类型地区城市。

农民工家属随迁情况（单位：%）　　　　　　　表3-9

家属随迁状况	全部样本	Ⅰ类地区	Ⅱ类地区	Ⅲ类地区	Ⅳ类地区
均在同一城市或城镇	57.3	41.4	48.5	63.1	63.3
夫妻在同一城市或城镇	16.4	28.5	27.3	11.6	9.5
子女在同一城市或城镇	3.8	2.5	2.6	4.0	4.9
异地或留守农村	22.4	27.6	21.6	21.3	22.3
合计	100.0	100.0	100.0	100.0	100.0

数据来源：农民工问卷调查。

二、不同类型地区农民工落户意愿分析

（一）不足两成农民工愿意落户城镇

如表3-10所示，农民工落户意愿整体不强。在调查样本中，仅有19.12%的受访者表示愿意将农村户口转为城镇户口。大部分农民工不愿意落户城镇，53.25%的受访者表示不愿意将户口转为城镇户口。超过两成农民工对落户城镇持不确定态度，27.62%的受访者不确定是否要将户口转为城镇户口。整体看，提高落户意愿仍然是促进农业转移人口市民化的重点和难点。

同时，问卷显示，满足落户条件的农民工群体落户城镇意愿更低。在满足落户条件的农民工中，仅有12.1%的受访者表示愿意落户城镇；在满足落户条件或认为可以通过努力达到落户条件的农民工中，仅有17.7%的受访者表示愿意落户城镇，分别比农民工整体水平低7个和1.38个百分点。满足落户条件的农民工不愿意落户城镇的比例更高，66.1%满足落户条件的农民工受访者和56.5%满足落户条件或认为可以通过努力达到落户条件的农民工受访者明确表示不愿意落户城镇，分别较农民工平均水平高12.89和3.22个百分点。

结果表明,农民工落户意愿整体较低,较大比例的不愿意落户城镇农民工群体表明,落户门槛高低对农民工落户意愿影响有限,加大政策供给、提升农民工落户意愿的市民化政策发挥作用的空间依然较大。

农民工落户意愿(单位:%)　　　　　　　表3-10

是否愿意落户城镇	全部样本	满足落户条件的农民工	满足落户条件或认为可以通过努力达到落户条件的农民工
不确定	27.6	21.7	25.8
不愿意	53.3	66.1	56.5
愿意	19.1	12.1	17.7

(二)近五成愿意落户的农民工希望举家落户

如表3-11所示,在愿意落户的农民工中,48.79%的受访者表示希望全家一起转为城镇户口,13%的受访者表示只希望配偶和孩子一起落户,16.11%的受访者只希望孩子转为城镇户口,4.92%的受访者表示希望孩子和自己转为城镇户口,仅有12.69%的受访者表示只愿意将自己户口转为城镇户口。结果表明,促进农民工及其随迁家属共同落户城镇,是愿意落户农民工的重要期许。

农民工举家落户偏好　　　　　　　表3-11

农民工家庭落户选择	农民工占比/%
全家都转	48.79
只配偶和孩子一起转	13.03
只让孩子转	16.11
只自己和孩子转	4.92
只自己转	12.69
其他	4.45

（三）超七成愿意落户的农民工希望在工作／居住城市落户

如表3-12所示，在愿意落户的农民工中，绝大多数受访者表示希望在流入地城市落户，70.56%的受访者表示希望在就业地或居住地城市落户。另外，27.96%愿意转为城镇户口的农民工希望回老家落户，其中，14.08%希望在老家所在地城市落户，9.35%希望在县城落户，4.54%希望返回乡镇落户。

农民工落户地点偏好　　　　　　　　　　　　　　表3-12

农民工愿意落户的地点	农民工占比/%
就业地或居住地城市	70.56
老家所在地城市	14.08
老家所在县城	9.35
老家所在乡镇	4.54
其他	1.48

（四）不同类型地区农民工落户意愿差异显著

1. 落户意愿差异

如表3-13所示，从落户意愿看，Ⅰ类地区农民工落户意愿最强，Ⅱ类地区次之，Ⅲ类和Ⅳ类地区农民工落户意愿相对较低。在调查全部样本中，28.6%的Ⅰ类地区农民工受访者表示愿意落户城镇，分别比Ⅱ类、Ⅲ类、Ⅳ类地区高9.21、10.94、11.22个百分点；在满足落户条件农民工群体中，13.8%的Ⅰ类地区农民工受访者表示愿意落户城镇，分别比Ⅱ类、Ⅲ类、Ⅳ类地区高0.83、1.6、2.17个百分点。Ⅰ类地区农民工对落户城镇持不确定态度的占比最高。31.2%的Ⅰ类地区受访者表示不确定是否要转为城镇户口，分别比Ⅱ类、Ⅲ类、Ⅳ类地区高0.58、

6.79、4.13个百分点。Ⅲ类地区不愿意转为城镇户口的农民工比例最高，57.9%的农民工受访者和68.9%满足落户条件的农民工受访者表示不愿意转为城镇户口，分别比Ⅰ类地区高17.74和18.86个百分点，比Ⅱ类地区高7.94和4.32个百分点，比Ⅲ类地区高2.4和3.07个百分点。

不同类型地区农民工落户意愿（单位：%） 表3-13

落户意愿	Ⅰ类地区		Ⅱ类地区		Ⅲ类地区		Ⅳ类地区	
	全部样本	满足落户条件的农民工	全部样本	满足落户条件的农民工	全部样本	满足落户条件的农民工	全部样本	满足落户条件的农民工
不确定	31.2	36.2	30.7	22.5	24.4	18.9	27.1	22.6
不愿意	40.2	50.0	50.0	64.5	57.9	68.9	55.5	65.8
愿意	28.6	13.8	19.4	13.0	17.6	12.2	17.3	11.7

数据来源：农民工问卷调查。

2. 落户偏好差异

如表3-14所示，从举家落户偏好看，Ⅳ类地区农民工希望全家落户城镇的比例最高，53.64%的Ⅳ类地区农民工表示希望全家都转为城镇户口；其次是Ⅰ类和Ⅱ类地区，分别有48.61%的农民工和47.4%的农民工希望举家落户城镇，均显著高于Ⅲ类地区（43.91%）。从随迁子女落户意愿看，Ⅱ类地区希望孩子落户城镇的农民工比例最高，合计有37.14%的农民工希望孩子落户城镇，其次为Ⅰ类地区（36.39%），显著高于Ⅲ类地区（34.66%）和Ⅳ类地区（30.36%），表明北上广深等一线城市、其他副省级城市和省会城市优质的教育资源对农民工随迁子女落户城镇的吸引力较强。

不同类型地区农民工举家落户偏好（单位：%）　　表3-14

农民工家庭落户选择	Ⅰ类地区	Ⅱ类地区	Ⅲ类地区	Ⅳ类地区
全家都转	48.61	47.40	43.91	53.64
只配偶和孩子一起转	13.46	14.72	13.50	11.22
只让孩子转	14.85	15.68	16.79	16.44
只自己和孩子转	8.08	6.74	4.37	2.70
只自己转	12.07	11.08	17.31	10.59
其他	2.93	4.38	4.11	5.40

数据来源：农民工问卷调查。

如表3-15所示，从落户地点偏好看，Ⅲ类城市农民工中希望在流入地城市落户的比例最高（78.41%），其次为Ⅰ类地区（72.24%），均明显高于Ⅱ类地区（67.59%）和Ⅳ类地区（66%）。Ⅱ类地区农民工希望在老家所在地级市落户的农民工比例最高，17.99%的受访者表示希望回老家所在地城市落户；Ⅳ类地区农民工就地城镇化倾向最为明显，分别有13.55%和5.04%的农民工希望在老家所在县城和乡镇落户，合计达到18.59%。

不同类型地区农民工落户地点偏好（单位：%）　　表3-15

农民工愿意落户的地点	Ⅰ类地区	Ⅱ类地区	Ⅲ类地区	Ⅳ类地区
就业地或居住地城市	72.24	67.59	78.41	66.00
老家所在地城市	14.15	17.99	10.75	13.66
老家所在县城	8.61	8.28	5.42	13.55
老家所在乡镇	3.46	4.60	4.37	5.04
其他	1.54	1.54	1.05	1.76

数据来源：农民工问卷调查。

三、不同类型地区农民工落户意愿影响因素分析

（一）追求更好的生活条件、子女教育、工作机会和公共服务是农民工愿意落户城镇的主要原因

吸引农民工落户城镇的最主要原因是城市更好的生活条件。如表3-16所示，41.97%愿意落户的农民工为追求城市更好的生活条件愿意转为城镇户口，显著高于其他原因的比例。

随迁子女可以接受更好的城市教育并参加当地高考是农民工愿意落户城镇的第二大原因。调查显示，22.3%愿意落户的农民工认为"为了孩子接受更好的教育，可在当地参加高考"是吸引其落户城镇的最主要原因。

更多的就业机会和更好的公共服务也是吸引农民工落户城镇的重要因素。调查显示，分别有16.13%和16.05%愿意落户的农民工认为"城市工作机会多""城市公共服务和福利好"是其愿意落户城镇的最主要原因。

农民工愿意落户城镇的原因 表3-16

愿意落户城镇的原因	农民工占比/%
城市的生活条件好	41.97
为了孩子接受更好的教育，可在当地参加高考	22.30
城市工作机会多	16.13
城市的公共服务和福利好	16.05
可以申请城镇保障房	2.11
不适应农村生活，回不去了	0.60
从小生活在城市，完全适应城市生活	0.47
能参加城镇选举	0.21
其他	0.16

（二）担心失去农村土地等权益是农民工不愿意落户城镇的首要原因

"担心失去在农村的土地等权益"是农民工不愿意或不确定是否落户城镇的首要原因。如表3-17所示，在不愿意或不确定是否落户城镇的农民工中，43.47%的受访者担心落户后会失去农村土地等权益，占比远高于其他原因。

同时，对城镇工作稳定性和生活成本的担忧也是农民工不愿意或不确定是否落户城镇的重要原因。调查显示，分别有16.23%和15.06%的农民工因为担心"在城镇没有稳定工作"和"城镇生活费用太高"，而不愿意或不确定落户城镇。

不愿意或不确定是否落户城镇的原因　　　　　　　　　　表3-17

不愿意或不确定落户城镇的原因	农民工占比/%
担心失去在农村的土地等权益	43.47
在城镇没有稳定工作	16.23
城镇生活费用太高	15.06
城镇难以解决住房	4.69
未来有返回农村定居的计划	3.68
需要照顾留在村里的老人	3.41
全家人难以在城镇团聚	2.73
已有居住证，不需要再落户	2.61
子女就学问题依然难以解决	2.58
落户门槛太高	1.30
未来有返回户籍所在地附近城镇落户的计划	1.16
落户程序太过复杂	1.01
难以融入城镇生活	0.82
其他	1.25

(三)不具备稳定住房、不了解落户政策和手续是有愿意落户农民工尚未落户城镇的重要原因

在愿意落户农民工中,不满足"稳定住房"要求是阻碍其落户城镇的首要原因。如表3-18所示,有40.39%愿意落户城镇的农民工因为不满足落户条件中"稳定住房"要求尚未落户,还有6.36%的农民工因未购买房屋未能落户。

同时,不了解落户政策和手续也是阻碍有意愿落户农民工落户的重要原因。调查显示,26.89%有意愿落户的农民工因不了解落户政策和手续,尚未落户城镇,比例显著高于其他原因。

愿意落户但尚未落户城镇的原因　　　　　表3-18

愿意落户但尚未落户城镇的原因	农民工占比/%
不满足落户条件中稳定住所要求	40.39
不了解落户政策和手续	26.89
满足文件落户条件,但落户办理人员实际上只认房产证,买了房才能顺利落户	6.36
不满足落户条件中社保年限要求	6.07
不满足落户条件中稳定就业要求	5.00
不满足落户条件中学历要求	4.19
正在办理,但手续繁琐、周期长	3.83
积分落户名额有限,估计5年内都排不到	2.11
满足租赁落户条件,但是我的房东/老板不愿意帮我开具证明	0.50
其他原因(请注明)	4.66

(四)不同类型地区农民工落户意愿影响因素差异显著

1. 不同类型地区农民工愿意落户城镇的原因分析

整体看,更好的生活条件、子女教育、工作机会和公共服务是各

类城市吸引农民工落户的主要原因。横向对比看，不同因素在不同类型城市吸引农民工落户中发挥的作用不同。如表3-19所示，具体如下：

城市更好的生活条件在Ⅲ类和Ⅳ类地区吸引农民工落户中发挥更重要的作用，分别有45.95%和45.22%的受访者认为城市生活条件好是其选择落户的最主要原因，显著高于Ⅰ类（37.36%）和Ⅱ类地区（36.32%）；

而随迁子女获得更好的教育并参加当地高考在Ⅰ类和Ⅱ类地区吸引农民工落户中作用更为显著，分别有27.21%和25.11%的受访者认为这是其选择落户城镇的最主要原因，显著高于Ⅲ类（19.59%）和Ⅳ类地区（20%）；

选择落户Ⅱ类城市的农民工更看重城市较多的工作机会，19.23%的受访者认为这是其选择落户的最重要原因，显著高于其他类型城市；

Ⅲ类城市公共服务短板较为突出，相比于其他类型城市，选择落户Ⅲ类城市的受访者最不看重城市公共服务和福利，仅有14.67%的受访者认为这是其落户的最主要原因，显著低于其他类型城市。

不同类型地区农民工愿意落户城镇的原因（单位：%）　　　表3-19

愿意落户城镇的原因	Ⅰ类地区	Ⅱ类地区	Ⅲ类地区	Ⅳ类地区
城市的生活条件好	37.36	36.32	45.95	45.22
为了孩子接受更好的教育，可在当地参加高考	27.21	25.11	19.59	20.00
城市工作机会多	14.33	19.23	15.93	14.86
城市的公共服务和福利好	16.91	16.35	14.67	16.55
可以申请城镇保障房	2.42	1.82	2.41	1.93

续表

愿意落户城镇的原因	Ⅰ类地区	Ⅱ类地区	Ⅲ类地区	Ⅳ类地区
不适应农村生活，回不去了	0.32	0.75	0.68	0.56
从小生活在城市，完全适应城市生活	0.81	0.21	0.58	0.40
能参加城镇选举	0.48	0.00	0.10	0.32
其他	0.16	0.21	0.09	0.16

数据来源：农民工问卷调查。

2. 不同类型地区农民工不愿意或不确定落户城镇的原因分析

整体看，担心失去农村土地等权益、在城镇没有稳定工作、生活成本太高是导致各类城市农民工不愿意落户或不确定是否落户的主要原因。横向对比看，不同因素在不同类型城市导致农民工不愿意落户中发挥的作用不同。如表3-20所示，具体如下：

Ⅱ类、Ⅲ类、Ⅳ类城市农民工更担心失去农村土地等权益，分别有42.72%、45.16%、44.01%的受访者不愿意落户城镇的首要原因是担心失去农村土地等权益，比例显著高于Ⅰ类城市（37.99%）；

Ⅰ类和Ⅱ类地区城市农民工更担心在城镇没有稳定工作，分别有18.48%和17.33%的农民工不愿意落户城镇的首要原因是在城镇没有稳定工作，比例显著高于Ⅲ类（15.90%）和Ⅳ类城市（15.20%）；同时，Ⅰ类和Ⅱ类地区城市农民工更担心在城镇没有稳定住房，分别有6.12%和5.13%的农民工不愿意落户城镇的首要原因是城镇难以解决住房，比例显著高于Ⅲ类（4.48%）和Ⅳ类城市（4.20%）；

Ⅰ类、Ⅲ类和Ⅳ类城市中生活成本抑制农民工落户意愿的作用更为明显，分别有14.75%、14.91%、16.78%的农民工不愿意落户城镇的首要原因是城镇生活成本过高，显著高于Ⅱ类地区（12.77%）。

不同类型地区农民工不愿意或不确定是否落户城镇的原因（单位：%）　表3-20

不愿意或不确定落户城镇的原因	Ⅰ类地区	Ⅱ类地区	Ⅲ类地区	Ⅳ类地区
担心失去在农村的土地等权益	37.99	42.72	45.16	44.01
在城镇没有稳定工作	18.48	17.33	15.90	15.20
城镇生活费用太高	14.75	12.77	14.91	16.78
城镇难以解决住房	6.12	5.13	4.48	4.20
未来有返回农村定居的计划	2.32	3.82	3.88	3.77
需要照顾留在村的老人	2.83	3.41	2.52	4.30
全家人难以在城镇团聚	3.28	3.15	2.68	2.34
已有居住证，不需要再落户	2.19	2.59	2.89	2.49
子女就学问题依然难以解决	3.99	3.49	2.06	2.04
落户门槛太高	3.16	1.38	1.24	0.81
未来有返回户籍所在地附近城镇落户的计划	1.48	1.13	1.07	1.18
落户程序太过复杂	0.97	0.97	0.95	1.10
难以融入城镇生活	1.16	1.10	0.85	0.52
其他	1.28	1.01	1.41	1.26

数据来源：农民工问卷调查。

3. 不同类型地区有意愿落户农民工尚未落户城镇的原因分析

从整体看，无稳定住房和不了解落户政策和手续是最主要的原因。横向对比看，不同因素在不同类型城市阻碍农民工落户的影响不同。如表3-21所示，具体如下：

Ⅰ类、Ⅱ类和Ⅲ类地区，稳定住房的门槛效应更加突出，分别有42.35%、45.41%、41.02%的有意愿落户农民工因不满足落户条件中稳定住所要求未能落户，比例显著高于Ⅳ类地区（35.1%）；

Ⅰ类城市的学历要求、落户总名额限制是阻碍农民工落户的重要原因，分别有10.31%和4.35%有意愿落户的农民工因"不满足落户条件中学历要求"和"积分落户名额有限，估计5年内都排不到"等原因，尚未落户，比例显著高于其他类型城市；

Ⅰ类和Ⅲ类城市的社保年限要求对阻碍有意愿农民工落户的影响更明显，分别有7.25%和7.34%有意愿落户的农民工因不满足社保年限要求而未能落户，比例高于Ⅱ类和Ⅳ类地区；

Ⅳ类城市对落户政策和手续宣传力度不足、购房要求、稳定就业要求对阻碍有意愿农民工落户的影响更明显，分别有31.97%、8.19%、6.02%的有意愿落户的农民工因"不了解落户政策和手续""落户办理人员实际上只认房产证""不满足落户条件中稳定就业要求"而未能落户，比例显著高于其他类型城市。

不同类型地区愿意落户农民工但尚未落户城镇的原因（单位：%）　　　表3-21

尚未落户城镇的原因	Ⅰ类地区	Ⅱ类地区	Ⅲ类地区	Ⅳ类地区
不满足落户条件中稳定住所要求	42.35	45.41	41.02	35.10
不了解落户政策和手续	22.71	24.68	25.29	31.97
满足文件落户条件，但落户办理人员实际上只认房产证，买了房才能顺利落户	3.06	5.98	6.47	8.19
不满足落户条件中社保年限要求	7.25	4.81	7.34	5.38
不满足落户条件中稳定就业要求	3.70	4.81	4.73	6.02
不满足落户条件中学历要求	10.31	3.63	3.28	2.33
正在办理，但手续繁琐、周期长	2.90	2.24	4.83	4.66
积分落户名额有限，估计5年内都排不到	4.35	2.03	1.54	1.53
满足租赁落户条件，但是我的房东/老板不愿意帮我开具证明	0.32	0.43	0.77	0.40
其他原因（请注明）	3.05	5.98	4.73	4.42

四、不同类型地区农民工落户政策敏感性分析

(一) 保留农村"三权"可以大幅度提高农民工落户意愿

如果保留进城落户农民工在农村的土地承包权、宅基地使用权、集体收益分配权,绝大部分农民工对落户持积极态度。如表3-22所示,保留农村"三权",合计愿意或可以考虑落户的农民工占比高达70.18%,其中,明确表示愿意落户的农民工占比为22.88%,提升3.78个百分点,另有47.30%的农民工表示可以考虑落户。明确表示不愿意落户的农民工比例为16.37%,显著下降了36.93个百分点。结果表明,落实农村"三权"维护的政策要求,将极大提升农民工落户意愿。

保留农村"三权"后的农民工落户意愿　　　　表 3-22

落户意愿	农民工占比 /%
不愿意落户	16.37
可以考虑落户	47.30
说不清楚	13.45
愿意落户	22.88
可能落户或愿意落户合计	70.18

(二) 工作收入改善、购房和随迁子女教育保障可以显著提升农民工落户意愿

在保留农村"三权"基础上,保障城镇稳定工作是提升农民工落户意愿的最主要因素。如表3-23所示,目前不愿意落户的农民工中,39.41%受访者认为"在城镇工作较为稳定"是改变其落户意愿的最重要条件。"在城镇收入明显提高"是提升农民工落户意愿的第二重要因素,调查发现,16.60%的不愿意落户农民工会因收入提高而选择落户

城镇。

增强住房和随迁子女教育保障是提升农民工落户意愿的重要因素。调查发现，目前不愿意落户的农民工中，12.15%的受访者会因为购买商品房或可以申请保障性住房而选择落户城镇，其中，8.29%认为购买商品房是最主要的条件；11.69%的受访者会因为随迁子女可以在城镇公立学校就读或在城镇参加高考而选择落户城镇，其中，9.64%认为子女在城镇公立学校就读是最主要的条件。

在保留农村权益基础上，农民工愿意转为城镇户口的条件　　表3-23

条件		农民工占比/%
在城镇工作较为稳定		39.41
在城镇收入明显提高		16.60
住房保障	在城镇购买了商品房	8.29
	在城镇有条件申请保障性住房	3.86
	合计	12.15
随迁子女教育	子女能够进入城镇公立学校就读	9.64
	子女能在城镇参加高考	2.05
	合计	11.69
全家人在城镇可以团聚		2.24
在城镇不再受到城里人歧视		0.46
进一步明确落户政策、简化落户程序		2.61

（三）不同类型地区农民工落户意愿政策敏感性差异显著

保留农村"三权"对不同类型地区农民工落户意愿提升显著。如表3-24所示，Ⅱ类、Ⅲ类、Ⅳ类明确表示愿意落户的农民工占比分别提升了4.13、4.61、4.41个百分点，Ⅰ类地区没有得到提升。明确表示不愿意落户的农民工占比显著下降，Ⅲ类地区下降最多，达到41.06个百分点，Ⅳ类地区下降37.91个百分点，Ⅱ类地区下降35.24个百分点，Ⅰ类地区下降25.57个百分点。

不同类型地区保留农村"三权"后的农民工落户意愿（单位：%）　　表3-24

落户意愿	Ⅰ类地区	Ⅱ类地区	Ⅲ类地区	Ⅳ类地区
不愿意落户	14.63	14.76	16.84	17.59
可以考虑落户	45.26	48.47	48.09	46.48
说不清楚	13.06	13.23	12.86	14.21
愿意落户	27.05	23.53	22.21	21.71
可能落户或愿意落户合计	72.31	72.00	70.30	68.19

数据来源：农民工问卷调查。

在保留农村"三权"基础上，城镇工作收入、住房保障、子女教育依然是各类地区增强农民工落户意愿的重要因素。如表3-25所示，横向对比看：

城镇工作较为稳定对提升Ⅰ类和Ⅱ类地区农民工落户意愿效果更为明显，分别有40.70%和10.79%的农民工在此条件下愿意转为城镇户口，高于Ⅲ类和Ⅳ类地区；

城镇收入提升对提升Ⅲ类和Ⅳ类地区农民工落户意愿效果更显著，分别有16.09%和18.60%的农民工在此条件下愿意转为城镇户口；

城镇住房保障，尤其是购买商品房对于Ⅰ类地区提升农民工落户意愿效果更为明显，14.04%的Ⅰ类地区农民工在此条件下愿意转为城镇户口，占比远高于其他类型地区；

子女教育对于提升Ⅰ类和Ⅱ类地区农民工落户意愿效果更为明显，分别有13.97%和13.49%的农民工在此条件下愿意转为城镇户口，其中，如果子女进入城镇公立学校就读，分别有10.30%和11.49%的农民工表示会转为城镇户口，比例高于Ⅲ类和Ⅳ类地区。

保留农村权益基础上，不同地区不愿意落户农民工愿意转为城镇户口的条件（单位：%）　　　表3-25

条件		Ⅰ类地区	Ⅱ类地区	Ⅲ类地区	Ⅳ类地区
在城镇工作较为稳定		40.70	40.79	37.79	39.48
在城镇收入明显提高		14.17	15.18	16.09	18.60
住房保障	在城镇购买了商品房	9.34	8.85	8.90	7.14
	在城镇有条件申请保障性住房	4.70	3.44	3.88	3.89
	合计	14.04	12.29	12.78	11.03
随迁子女教育	子女能够进入城镇公立学校就读	10.30	11.49	9.95	8.00
	子女能在城镇参加高考	3.67	2.00	1.86	1.80
	合计	13.97	13.49	11.81	9.80
全家人在城镇可以团聚		2.12	2.00	2.44	2.27
在城镇不再受到城里人歧视		0.97	0.41	0.35	0.45
进一步明确落户政策、简化落户程序		2.25	2.36	2.46	3.00

数据来源：农民工问卷调查。

（四）提升不同类型地区农民工落户意愿的政策侧重点

根据政策敏感性分析，提升四类不同地区农民工落户意愿的政策侧重点有所不同，如表3-26所示，具体如下：

Ⅰ类地区应大力完善促进农民工市民化的系统性政策，保障稳定就业，通过城中村改造、公租房等方式促进农民工住房问题的缓解，建设面向农民工的可支付健康住房，加快推进基本公共服务常住人口全覆盖，保障随迁子女在城镇公立学校就读；

Ⅱ类地区应重点保障农民工在城镇稳定就业、实现农民工随迁子女平等接受义务教育；

Ⅲ类地区应着重提升农民工收入水平,加强落户政策的宣传和便利化,促进在流入地落户;

Ⅳ类地区应大力拓展农民工就业空间,提高收入水平,加强落户政策的宣传和便利化,增强农民工返乡落户城镇的能力。

分地区农民工落户意愿比较　　　　表 3-26

农民工类别		落户意愿特征	落户意愿影响因素	提升落户意愿敏感条件
分区域	Ⅰ类城市:北上广深等一线城市	● 落户意愿最强,28.6%的受访者表示愿意落户城镇 ● 对落户城镇持不确定态度的占比最高,31.2%的受访者表示不确定是否要转为城镇户口	● 愿意落户是因为更看重子女可以获得更好的教育并参加当地高考 ● 在城镇没有稳定工作、难以解决住房对农民工落户意愿抑制作用更强 ● 不满足稳定住房要求,不满足学历要求,不满足社保年限要求、落户总额限制是阻碍有意愿落户农民工落户的主要原因	● 对城镇工作较为稳定、购买商品房或有资格申请保障性住房、子女入读城镇公立学校敏感性更强
	Ⅱ类城市:沿海外来人口密集城市	● 落户意愿仅次于Ⅰ类城市,19.4%的受访者愿意落户 ● 希望孩子落户城镇的农民工比例最高,有37.14%的农民工希望孩子落户城镇 ● 希望在老家所在城市落户的农民工比例最高,17.99%的受访者表示希望回老家所在地城市落户	● 愿意落户是因为更看重城市较多的工作机会和随迁子女获得更好的教育并参加当地高考 ● 在城镇没有稳定工作、难以解决住房对农民工落户意愿抑制作用更强 ● 不满足稳定住房要求是有意愿落户农民工但尚未落户的更重要原因	● 对城镇工作较为稳定、子女能够进入城镇公立学校就读敏感性更强
	Ⅲ类城市:其他省会城市和副省级城市	● 不愿意转为城镇户口的农民工比例最高,57.9%的受访者不愿意落户 ● 只希望自己落户的比例最高(17.31%) ● 希望在流入地市落户的比例最高(78.41%)	● 愿意落户是因为更看重城市更好的生活条件 ● 担心失去农村土地等权益、过高的生活成本对农民工落户意愿抑制作用更强 ● 不满足稳定住房要求、不满足落户条件中社保年限要求、落户手续繁琐是有意愿落户农民工但尚未落户的更重要原因	● 对城镇收入提升敏感性更强

续表

农民工类别		落户意愿特征	落户意愿影响因素	提升落户意愿敏感条件
分区域	Ⅳ类城市：其他地级市	• 落户意愿最低，17.3%的受访者愿意落户 • 希望全家落户城镇的比例最高（53.64%） • 就地城镇化倾向最为明显，18.59%的农民工希望在老家所在县城和乡镇落户	• 愿意落户是因为更看重城市更好的生活条件 • 担心失去农村土地等权益、过高的生活成本对农民工落户意愿抑制作用更强 • 对落户政策和手续宣传力度不足、不满足购房要求或稳定就业要求是有意愿落户农民工但尚未落户的更重要原因	• 对城镇收入提升敏感性更强

五、结论与讨论

（一）研究结论

基于2020年全国总工会在全国14省份46个城市开展的农民工落户问卷调查，研究分析了我国当前不同类型地区和不同重点群体的农民工落户意愿整体特征、影响因素和提升落户意愿的政策敏感性。从落户意愿看，农民工落户意愿整体不强，仅有19.12%的农民工明确表示愿意落户城镇，在愿意落户城镇的农民工中，超过五成希望举家落户城镇，超过七成希望在工作或居住城市落户。从农民工落户意愿影响因素看，追求更好的生活条件、子女教育、工作机会和公共服务是农民工愿意落户城镇的主要原因，而担心失去农村土地等权益是农民工不愿意或不确定落户城镇的首要原因，同时，不具备稳定住房、不了解落户政策和手续是有愿意落户农民工尚未落户城镇的主要原因。从农民工落户意愿政策敏感性看，保留农村"三权"可以大幅度提高农民工落户意愿，同时，工作收入改善、购房和随迁子女教育保障也可以显著提升农民工落户意愿。不同类型城市农民工呈现了不同的落户意愿特征和政策敏感性，需要制定差异化的策略，针对性提升农民工落户意愿。

(二) 政策建议

一是构建进城落户农民工农村"三权"维护与退出机制。坚决保障维护进城落户农民土地承包权、宅基地使用权、集体收益分配权，不得强行要求其转让上述权益或将此作为落户前置条件，支持引导农民依法自愿有偿转让上述权益，实现其权益的保值增值。加快建立省级或区域性农村"三权"流转市场交易平台，在公开市场交易平台中有序流转盘活农地经营权、宅基地使用权。探索建立"返村留地"缓冲制度，对退出"三权"重返农村的农业转移人口，经集体经济组织内部议事决策程序表决同意后，可以返回农村并以有偿方式取得土地经营权。

二是着力提高农民工住房和随迁子女教育的保障水平。建议把农民工的住房保障和随迁子女教育问题摆到更加重要的位置。第一，聚焦满足农业转移人口安居城镇的美好生活需要，建立健全租售并举的住房制度，加快完善城镇住房保障体系，扩大保障性住房对农民工覆盖范围。加大农民工集中流入地区经济适用房、限价房或共有产权房的供给，大力发展长租房市场，扩大面向农民工的可支付住房供给。制定政策满足农民工自购房需求，探索建立农业转移人口退出农村宅基地与在城镇购房优惠联动机制。第二，进一步压实人口流入地政府对保障农业转移人口随迁子女教育的责任，强化"两为主""两纳入"政策落地实施，明确考核评价方法，加大考核力度。统筹解决随迁子女就学经费保障和教师编制不足问题，增加中央财政对跨省农民工随迁子女义务教育承担的经费责任，加大对外来人口密集地区经费和教师编制方面的支持和保障力度。

三是重点保障农民工城镇稳定工作和收入。对农业转移人口实行公平就业准入，清理不利于非户籍人口公平就业的歧视性政策，推动所有企事业单位面向社会组织公平招聘、择优录用；加强对农业转移人口就业服务，加强各级就业服务平台基础设施建设，提供标准统一的就业服务；进一步普及劳动合同制度，保障进城务工人员合法权益。提升新时期农业转移人口就业能力，重点围绕市场急需紧缺职业，组织开展有针对性的定向、定岗培训和专项技能培训，大力开展维修、家政、养老等生活性服务业技能培训和快递员、外卖（跑腿、散送等）配送、汽车代驾员等新职业新业态培训。

四是完善农民工群体差异化落户意愿促进政策。对四类不同地区农民工，Ⅰ类地区应大力完善促进农民工市民化的系统性政策，保障稳定就业，通过城中村改造、公租房等方式促进农民工住房问题的缓解，建设面向农民工的可支付健康住房，加快推进基本公共服务常住人口全覆盖，保障随迁子女在城镇公立学校就读。Ⅱ类地区应重点保障农民工在城镇稳定就业、实现农民工随迁子女平等接受义务教育。Ⅲ类地区应着重提升农民工收入水平，加强落户政策的宣传和便利化，促进在流入地落户。Ⅳ类地区应大力拓展农民工就业空间，提高收入水平，加强落户政策的宣传和便利化，增强农民工返乡落户城镇的能力。

参考文献

1. 蔡禾，王进."农民工"永久迁移意愿研究［J］.社会学研究，2007（6）：86-113+243.
2. 国家统计局课题组.城市农民工生活质量状况调查报告［J］.调研世界，2007（1）：25-30.

3. 黄乾. 农民工定居城市意愿的影响因素：基于五城市调查的实证分析［J］. 山西财经大学学报，2008（4）：21-27.

4. 黄嘉文. 农民工入户意愿及其影响因素研究：基于2009年广东省农民工调查数据分析［J］. 人口与经济，2012（2）：67-73.

5. 黄锟. 城乡二元制度对农民工市民化影响的实证分析［J］. 中国人口资源与环境，2011，21（3）：76-81.

6. 胡金星，朱曦，公云龙. 租房与农民工留城意愿：基于上海的实证研究［J］. 华东师范大学学报：哲学社会科学版，2016（4）：38-45.

7. 刘于琪，刘晔，李志刚. 中国城市新移民的定居意愿及其影响机制［J］. 地理科学，2014（7）：780-787.

8. 李竞博，高瑗，原新. 积分落户时代超大城市流动人口的永久迁移意愿［J］. 人口与经济，2018（1）：17-27.

9. 林李月，朱宇. 中国城市流动人口户籍迁移意愿的空间格局及影响因素：基于2012年全国流动人口动态监测调查数据［J］. 地理学报，2016，71（10）：1696-1709.

10. 刘锐，曹广忠. 中国农业转移人口市民化的空间特征与影响因素［J］. 地理科学进展，2014，33（6）：748-755.

11. 卢小君，向军. 农民工进城落户意愿研究：以大连市为例［J］. 调研世界，2013（11）：41-46.

12. 龙翠红，陈鹏. 新生代农民工住房选择影响因素分析：基于CGSS数据的实证检验［J］. 华东师范大学学报：哲学社会科学版，2016（4）：46-54.

13. 戚伟，刘盛和，赵美风. 中国城市流动人口及市民化压力分布格局研究［J］. 经济地理，2016，36（5）：55-62.

14. 秦立建，王震. 农民工城镇户籍转换意愿的影响因素分析［J］. 中国人口科学，2014（5）：99-106+128.

15. 秦立建，童莹，王震. 农地收益、社会保障与农民工市民化意愿［J］. 农村经济，2017（1）：79-85.

16. 秦昕，张翠莲，马力，等. 从农村到城市：农民工的城市融合影响模型［J］. 管理世界，2011（10）：48-57.

17. 苏丽锋. 中国流动人口市民化水平测算及影响因素研究［J］. 中国人口科学，2017（2）：12-24+126.

18. 孙中伟. 农民工大城市定居偏好与新型城镇化的推进路径研究［J］. 人

口研究, 2015, 39 (5): 72-86.

19. 王桂新, 陈冠春, 魏星. 城市农民工市民化意愿影响因素考察: 以上海市为例 [J]. 人口与发展, 2010, 16 (2): 2-11.

20. 王桂新, 胡健. 城市农民工社会保障与市民化意愿 [J]. 人口学刊, 2015, 37 (6): 45-55.

21. 王晓峰, 温馨. 劳动权益对农民工市民化意愿的影响: 基于全国流动人口动态监测8城市融合数据的分析 [J]. 人口学刊, 2017, 39 (1): 38-49.

22. 王玉君. 农民工城市定居意愿研究: 基于十二个城市问卷调查的实证分析 [J]. 人口研究, 2013 (4): 19-32.

23. 王伟, 陈杰, 艾玮依. 新生代农民工在三四线城市定居意愿及其影响机制研究: 基于2014年长三角地区流动人口动态监测数据的考察 [J]. 华东师范大学学报 (哲学社会科学版), 2016, 48 (4): 30-37, 168.

24. 夏显力, 姚植夫, 李瑶, 等. 新生代农民工定居城市意愿影响因素分析 [J]. 人口学刊, 2012 (4): 73-80.

25. 谢云, 曾江辉, 夏春萍. 农民工落户城镇意愿及影响因素调查: 以湖北为例 [J]. 调研世界, 2012 (9): 28-31.

26. 欧阳慧, 张燕, 滕飞, 邹一南. 农民工群体差别化落户思路与政策研究 [J]. 宏观经济研究, 2018 (2): 158-167.

27. 肖璐, 徐益斌. 城市视角下农民工落户行为的决策要素: 基于不同类型城市的比较研究 [J]. 中国软科学, 2017 (8): 65-73.

28. 肖艳平. 我国城市流动人口定居意愿及影响因素实证分析 [D]. 浙江大学, 2012.

29. 叶鹏飞. 农民工的城市定居意愿研究: 基于7省 (区) 调查数据的实证分析 [J]. 社会, 2011 (2): 153-169.

30. 张翼. 农民工 "进城落户" 意愿与中国近期城镇化道路的选择 [J]. 中国人口科学, 2011 (2): 14-26, 111.

31. 朱琳, 刘彦随. 城镇化进程中农民进城落户意愿影响因素: 以河南省郸城县为例 [J]. 地理科学进展, 2012, 31 (4): 461-467.

32. 周建华, 周倩. 高房价背景下农民工留城定居意愿及其政策含义 [J]. 经济体制改革, 2014 (1): 77-81.

33. 章洵, 陈宁, 石人炳. 就业质量对农民工城市落户意愿影响及其代际差异 [J]. 湖南农业大学学报: 社会科学版, 2018, 19 (1): 61-66.

34. 张启春,冀红梅. 农业转移人口城市定居意愿实证研究与市民化推进策略:基于2015年武汉城市圈农业转移人口动态监测数据的分析[J]. 华中师范大学学报:人文社会科学版,2017,56(4):48-57.

第四章 面向2035年区域差别化梯次推进农民工落户城镇的目标情景和总体思路

本章在分析全国及四类地区农民工典型特征、落户意愿及政策敏感性的基础上，预测研判未来全国及四类地区农民工总量和特征的变化趋势，同时以政策供给和落户门槛为关键指标，设计不同政策组合，模拟分析不同情景下，农民工落户的总量和分布，为提出更有针对性的区域差别化梯次推进农业转移人口市民化政策提供支撑。

一、不同类型地区农民工总量及特征变化趋势分析

（一）预测方法

2010年来，已经发布的从农村迁移到城市的农民详细调查结果仅有2010年"六普"各省统计结果及2015年国家统计局全国1%人口抽样调查结果。由于2012年党的十八大以后，我国深化户籍制度改革，城市对农民工落户吸纳数量呈现较快增长，若简单将两年数据进行趋势外推，仅能获得高速的线性增长结果，明显与我国进入城镇化"下半场"，城镇化率增长稳中趋缓的趋势不符合。因此，农民工数量增长必须基于四个不同类型地区常住人口增长的态势，以及户常差在常住人口中比例的变动关系。在此要求下，课题组基于灰度模型，创新了

用于预测到2035年农民工数量的"五步法"。

1. 灰度模型理论原理

农民工规模预测即按照科学的方法,结合影响人口发展的各类因素,测算未来某个时间的人口规模和发展趋势。对农民工的预测为社会经济的发展规划提供了重要指导,是确定城市化发展方向和政策的前提。预测结果可以表明经济发展中可能存在的问题,以此帮助制订正确的政策。真正科学意义上的人口预测是在20世纪80年代与人口学研究的兴起同步发展起来的,而灰色模型理论也是在该时期由学者邓聚龙提出。该模型由于所需样本数量少、计算简便、易用各种数理统计工具进行求解等优点,在人口预测、灾变预测等领域得到十分广泛的应用。

灰色系统建模的基本概念:

(1)初始数据序列:获得的试验数据、生产数据或观测数据$X^0(k)$,$(k=1,2,3,\cdots,n)$按照某一规则,排列而成的一列有秩序的序列$\{X^0(k), k=1,2,3,\cdots,n\}$。

(2)数据生成:将原始数据通过某种运算变换成新数据,称为数据生成。数据生成有两个目的:一是为建模提供中间信息;二是弱化原随机序列的随机性。数据生成主要有累加生成和累减生成。

(3)累加生成(Accumulated Generating Operation):简记为AGO,是将同一序列中数据逐次相加生成新的数据。设初始数据为:

$$X^{(0)}(k)=\{x^{(0)}(1), x^{(0)}(2), \cdots, x^{(0)}(n)\}$$

其中,k表示数据序列的序号,初始数据是0次累加。m次累加定义为(m-AGO)定义为:

$$X^m(k)=\sum_{i=1}^{k-1} x^{(m-1)}(i), k=1, 2, \cdots, n$$

(4)累减生成(Inverse Accumulated Generating Operation):简记为 LAGO,它是累加生成的还原(逆运算),即对数据序列中前后两个数据进行差值运算。0次累减为原始数据,m次累减(m-LAGO)定义为:

$$\partial^{(m)}(x(k))=\partial^{(m-1)}(x(k))-\partial^{(m-1)}(x(k-1))$$

GM(1,1)模型的建模步骤与特征:

设$X^{(0)}=\{x^{(0)}(1), x^{(0)}(2), \cdots, x^{(0)}(n)\}$,$X^{(1)}=\{x^{(1)}(1), x^{(1)}(2), \cdots, x^{(1)}(n)\}$,称

$$x^{(0)}(k)+ax^{(1)}(k)=b$$

为GM(1,1)模型的原始形式。

其中G表示灰色(Grey),M表示模型(Model),第一个1表示一阶方程,第二个1表示一个变量。

建模步骤:

GM(1,1)模型首先对原始数据进行一阶累加生成,然后利用指数曲线拟合并预测,最后通过累减还原得到预测值。一般将原始数据序列记为$X^{(0)}$,将一阶累加生成序列记为$X^{(1)}$。建立 GM(1,1)模型的步骤如下:

假定原始数据序列为:

$$X^{(0)}=\{x^{(0)}(1), x^{(0)}(2), \cdots, x^{(0)}(n)\}$$

对其进行一阶累加生成得:

$$X^{(1)}=\{x^{(1)}(1), x^{(1)}(2), \cdots, x^{(1)}(n)\}$$

其中:

$$X^{(1)}(k)=\sum_{i=1}^{k} x^{(0)}(i)$$

构造$Z^{(1)}$序列,令$x^{(1)}(k)=\frac{1}{2}[x^{(1)}(k)+x^{(1)}(k-1)]$,得

$$Z^{(1)}=\{z^{(1)}(2), z^{(1)}(3), \cdots, z^{(1)}(n)\}$$

建立白化方程：

$$\frac{\mathrm{d}x^{(1)}}{\mathrm{d}t}+ax^{(1)}=b$$

求参数 a 和 b，若 $\hat{a}=[a,b]^T$ 为参数序列，且

$$B=\begin{vmatrix} -\frac{1}{2}z^{(1)}(2) & 1 \\ -\frac{1}{2}z^{(1)}(3) & 1 \\ \vdots & \vdots \\ -\frac{1}{2}z^{(1)}(n) & n \end{vmatrix}, Y_n=\begin{vmatrix} X^{(0)}(2) \\ X^{(0)}(3) \\ \vdots \\ X^{(0)}(n) \end{vmatrix}$$

用最小二乘法求解

$$a=[a,b]^T=(B^TB)^{-1}B^TY_n$$

（5）将白化方程离散化，微分变差分，得GM（1，1）灰微分方程

$$x^{(0)}(k)+az^{(1)}(k)=b$$

称为GM（1，1）的基本形式。

（6）白化微分方程求解，得到微分方程的解为：

$$x^{(1)}(t)=(x^{(1)}(1)-\frac{b}{a})e^{-at}+\frac{b}{a}$$

GM（1，1）灰色预测模型 $x^{(0)}(k)+az^{(1)}(k)=b$ 的时间响应方程为：

$$\hat{x}^{(1)}(k+1)=(x^{(0)}(1)-\frac{b}{a})e^{-ak}+\frac{b}{a}$$

还原值为

$$\hat{x}^{(0)}(k+1)=x^{(1)}(k)-x^{(1)}(k-1)$$

其中 $-a$ 为发展系数，$-a\in[-2,2]$，反映了 $\hat{x}^{(1)}$ 与 $\hat{x}^{(0)}$ 的发展态势。b 为灰色作用量。

2. 农民工数量预测"五步法"

（1）基于灰度模型（GM），预测常住人口；

（2）计算出非户籍常住人口比重（常户差）；

（3）提取2个现有年份和4个未来年份，拟合非线性曲线公式；

（4）计算每五年增长率，算出2020年、2025年、2030年、2035年农民工比重；

（5）利用2020年、2025年、2030年、2035年的常住人口和农民工比重，计算出2020年、2025年、2030年、2035年农民工数量。

（二）全国农民工总量变化趋势及特征

1. 农民工数量

近些年来，我国农民工规模增长速率正持续放缓甚至出现负增长。2010年的第六次全国人口普查显示，我国农民工数量为2.95亿人。2015年全国1%人口抽样调查测算结果显示农民工数量减少约7000万，下降24个百分点，总量为2.24亿人。根据预测结果，我国未来农民工将呈现先大幅下降后缓慢上升趋势。估计在2025年，我国农民工数量将降至1.46亿。此后，缓慢上升至2035年的1.69亿人（表4-1）。

2010～2035年农民工数量变动情况（全国）　　　表4-1

年份	农民工数量预测/万人
2010	29455.35
2015	22440.88
2020	15575.71
2025	14556.26
2030	15225.50
2035	16929.95

2. 进城时长分布

未来我国农民工整体进城时间在5年以上。预测结果显示，进城超过10年以上的农民工将从2020年的6021万下降至2025年的5427万，随后攀升至2035年的6088万。预测结果显示进城时长为中、短期的农民工有类似的数量变化，即从2020年开始下降至2025年，其后逐步增长到2035年（表4-2）。

不同进城时长农民工数量分布预测（全国） 表4-2

年份	进城10年以上农民工数量/万人	进城5～10年农民工数量/万人	进城3～5年农民工数量/万人	进城1～3年农民工数量/万人	进城不到1年农民工数量/万人
2020	6020.87	3345.11	2107.89	2185.57	1916.27
2025	5427.04	3155.14	2003.76	2119.09	1851.24
2030	5548.73	3315.56	2114.71	2265.25	1981.26
2035	6088.08	3693.26	2360.79	2549.68	2238.14

3. 举家迁移

从全国的情况来看，农民工在未来一段时间内将以举家迁移为主，2035年举家迁徙农民工规模接近1亿。虽然从数量上看，举家迁移的农民工数量在2025年和2030年出现明显下降。但是其比例一直维持在56%～58%之间（表4-3）。因此，在未来一段时间内，举家迁移仍然是农民工的主要迁移方式，也是推动户籍制度改革的重点群体。

不同进城家庭结构农民工数量分布预测（全国） 表4-3

年份	举家迁移农民工数量/万人
2020	9028.65
2025	8215.64

续表

年份	举家迁移农民工数量/万人
2030	8520.02
2035	9500.59

4. 新生代农民工数量

从全国的情况来看,新生代农民工是未来农民工的主力军。2035年,新生代农民工的数量将达到1.29亿人,比2020年高出1000万,占总体的76.1%(表4-4)。

不同年龄结构农民工数量预测(全国)　　　表4-4

年份	新生代农民工数量(40岁以内)/万人
2020	11714.75
2025	11028.33
2030	11577.72
2035	12890.80

(三) 四类地区农民工总量变化趋势及特征

1. Ⅰ类地区

根据预测,未来15年4座一线城市需准备接纳200万左右的新增人口。整体而言,北上广深四城的农民工数量呈现出稳步增长态势。2015年,农民工在这四城的数量为3006万人,比2010年增长约为35.7%。根据模型的估计结果,北上广深的农民工增长放缓但将持续增长。到2035年,农民工数量将达到3732万人(表4-5)。

第四章　面向2035年区域差别化梯次推进农民工落户城镇的目标情景和总体思路　83

2010～2035年农民工数量变动情况（Ⅰ类地区）　　表4-5

年份	农民工数量预测/万人
2010	2215.76
2015	3006.47
2020	3174.22
2025	3350.35
2030	3536.24
2035	3732.46

在迁移时间方面，北上广深农民工进城时长超过10年的农民工数量从2020年的1166万上升至2035年1372万。在迁移家庭结构方面，北上广深的农民工选择举家迁移的比例明显低于平均水平，约为45%。这可能与一线城市较高的公共服务准入门槛刻板印象有关。2035年，举家迁移的农民工将达到2814万人，确保一线城市农民工家属，特别是随迁子女的教育、医疗、住房保障等稳定生活需求是一线城市未来推动农民工全面融入城市的重点。在迁移年龄结构方面，北上广深四城新生代农民工数量将从2020年的2393万逐步上升至2814万，占比与全国水平相似，约为75.4%（表4-6）。

不同属性农民工数量分布预测（Ⅰ类地区）（单位：万人）　　表4-6

年份	长期（10年以上）进城农民工数量	进城5～10年农民工数量	进城3～5年农民工数量	进城1～3年农民工数量	进城不到1年农民工数量	举家迁移农民工数量	新生代农民工数量（40岁以内）
2020	1166.53	722.77	502.16	459.94	322.82	1428.40	2393.36
2025	1231.25	762.87	530.02	485.47	340.73	1507.66	2526.16
2030	1299.57	805.20	559.43	512.40	359.64	1591.31	2666.33
2035	1371.68	849.88	590.47	540.83	379.59	1679.61	2814.27

2. Ⅱ类地区

整体而言，Ⅱ类地区的农民工数量呈先减少后稳定增长的态势（表4-7）。2015年，农民工在Ⅱ类地区的数量为5014.5万人，比2010年上升33%。预测的结果显示2020年、2025年、2030年和2035年的农民工数量在Ⅱ类地区分别为4499.6万、4972.7万、5495.5万和6073.4万。与2020年相比，2035年的农民工数量上升约1574万。

2010～2035年农民工数量变动情况（Ⅱ类地区）　　　表4-7

年份	农民工数量预测/万人
2010	3767.41
2015	5014.47
2020	4499.56
2025	4972.67
2030	5495.54
2035	6073.38

在迁移时间方面，Ⅱ类地区农民工的进城时间分布与全国总体相比差别不大，以长期进城为主（表4-8）。其中，进城时长超过10年的农民工数量从1695万上升至2288万，15年间增长35%。在迁移家庭结构方面，与北上广深相比，在Ⅱ类地区的举家迁移的农民工数量占比更高，达到52.8%。在数量上，举家迁移的农民工数量将在2020年至2035年间从2376万稳步提升至3207万。在迁移年龄结构方面，Ⅱ类城市中，新生代农民工数量将从2020年的3500万逐步上升至4725万，略高于全国平均水平，约为77.8%。

不同属性农民工数量分布预测（Ⅱ类地区） 表4-8

年份	长期（10年以上）进城农民工数量/万人	进城5~10年农民工数量/万人	进城3~5年农民工数量/万人	进城1~3年农民工数量/万人	进城不到1年农民工数量/万人	举家迁移农民工数量/万人	新生代农民工数量（40岁以内）/万人
2020	1695.43	962.01	567.39	660.54	614.19	2375.77	3500.66
2025	1873.70	1063.16	627.05	729.99	678.77	2625.57	3868.74
2030	2070.72	1174.95	692.99	806.74	750.14	2901.64	4275.53
2035	2288.45	1298.49	765.85	891.57	829.02	3206.74	4725.09

3. Ⅲ类地区

2035年Ⅲ类地区农民工数量将较2020年翻番（表4-9）。Ⅲ类地区的农民工数量从2010年的2505万上升至2015年的4381万。根据灰色模型的预测，农民工数量将从2020年出现明显下降，然后持续高速增长。其中，2020年、2025年、2030年和2035年的农民工数量分别为3108万、4004万、5157万和6642万。与2020年相比，2035年的农民工数量上升3533万，增幅为四类地区中最高。

2010~2035年农民工数量变动情况（Ⅲ类地区） 表4-9

年份	农民工数量预测/万人
2010	2505.12
2015	4381.28
2020	3108.40
2025	4003.61
2030	5156.64
2035	6641.74

在迁移时间方面，Ⅲ类地区农民工的进城时间分布与全国总体相

比差别不大,仍然以长期为主(表4-10)。其中,进城时长超过10年的农民工数量从1036万翻了一倍上升至2214万。在迁移家庭结构方面,与全国水平相比,在Ⅲ类地区的举家迁移的农民工数量占比更高,达到65%。在数量上,举家迁移的农民工数量将在2020年至2035年间从2008万稳步提升至4291万。在迁移年龄结构方面,在Ⅲ类城市中,新生代农民工数量将从2020年的2341万逐步上升至5001万,与全国水平类似,占比为75%。

不同属性农民工数量分布预测(Ⅲ类地区)(单位:万人) 表4-10

年份	长期(10年以上)进城农民工数量	进城5~10年农民工数量	进城3~5年农民工数量	进城1~3年农民工数量	进城不到1年农民工数量	举家迁移农民工数量	新生代农民工数量(40岁以内)
2020	1036.34	676.70	442.01	496.10	457.25	2008.02	2340.62
2025	1334.80	871.59	569.31	638.98	588.93	2586.33	3014.72
2030	1719.22	1122.60	733.27	823.00	758.54	3331.19	3882.95
2035	2214.36	1445.91	944.46	1060.02	977.00	4290.56	5001.23

4. Ⅳ类地区

根据人口普查的数据,Ⅳ类地区的农民工数量从2010年的2.1亿下降至2015年的1亿,降幅为四类地区中最高(表4-11)。根据灰色模型的预测,农民工数量将从2020年出现明显的持续下降趋势。其中,2020年、2025年、2030年和2035年的农民工数量分别为4794万、2230万、1038万和482万。与2020年相比,2035年的农民工数量下降4312万,降幅为四类地区中最高。

第四章　面向2035年区域差别化梯次推进农民工落户城镇的目标情景和总体思路　87

2010～2035年农民工数量变动情况（Ⅳ类地区）　　表4-11

年份	农民工数量预测/万人
2010	20967.05
2015	10038.66
2020	4793.53
2025	2229.63
2030	1037.08
2035	482.38

在迁移时间方面，Ⅳ类地区农民工的进城时间分布与其他相比差别不大，仍然以长期为主（表4-12）。其中，进城时长超过10年的农民工数量占比为44%。在数量上，进城超过10年的农民工从2123万锐减至2035年的214万。在迁移家庭结构方面，与其他地区相比，在Ⅳ类地区的举家迁移的农民工数量占比更高，达到67%。在数量上，举家迁移的农民工数量将在2020年至2035年间从3216万逐步下降至324万。在迁移年龄结构方面，在Ⅳ类城市中，新生代农民工数量将从2020年的3480万逐步下降至350万，占比为73%，略低于其他地区。

不同属性农民工数量分布预测（Ⅳ类地区）（单位：万人）　　表4-12

年份	长期（10年以上）进城农民工数量	进城5～10年农民工数量	进城3～5年农民工数量	进城1～3年农民工数量	进城不到1年农民工数量	举家迁移农民工数量	新生代农民工数量（40岁以内）
2020	2122.58	983.63	596.32	568.99	522.02	3216.46	3480.10
2025	987.28	457.52	277.37	264.66	242.81	1496.08	1618.71
2030	459.22	212.81	129.01	123.10	112.94	695.88	752.92
2035	213.60	98.98	60.01	57.26	52.53	323.68	350.21

二、不同类型地区农民工梯次落户城镇的情景模拟思路与方法

（一）情景模拟总体思路

农民工的落户数量取决于农民工的落户意愿和城市落户门槛条件。未来农民工落户目标的情景模拟总体思路为：基于对农民工总量变化趋势的预测，通过对农民工落户意愿和城市落户门槛条件设置不同情景，分析不同情景下，全国及不同类型地区愿意落户且符合城市落户要求的农民工数量（图4-1）。具体分析步骤如下。

第一步，农民工落户意愿情景模拟：模拟全国及四类地区农民工落户意愿。基于对农民工落户意愿及政策敏感性的分析，分别估算在不同情景下不同类型地区、不同农民工群体的落户意愿。情景包括"维持现状"和"加大政策供给"两个情景。其中，"维持现状"情景下，农民工落户意愿为当前愿意落户的农民工占比；"加大政策供给"情景下，农民工落户意愿为在保障农村权益、工作收入更为稳定、城镇住房和随迁子女就学得到保障、城市社会融入水平更高、落户程序更加便捷等条件得到满足的情况下，愿意落户城镇的农民工占比。

第二步，潜在农民工落户数量情景模拟：模拟全国及四类地区愿意落户的农民工数量。基于对全国及四类地区农民工的总量预测，结合不同情景下农民工的落户意愿，分别计算得到不同情景下，全国及不同类型地区愿意落户的农民工数量。

第三步，农民工落户门槛情景模拟：设置不同类型地区农民工落户门槛情景。根据农民工进城时间的人数分布特征，以在城镇连续居住年限为核心落户要求，在满足"两稳定"（稳定住所、稳定工作）条件下，设置不同类型地区落户门槛放宽的情景。如，Ⅰ类地区的高、低落户门槛情景分别为"两稳定"+连续居住10年、"两稳定"+连续

居住5年。

第四步，农民工落户数量情景模拟：模拟全国及四类地区落户城镇的农民工数量。计算不同情景下，全国及四类地区中满足落户门槛且愿意落户城镇的农民工数量，以此估算农民工落户总量。如图4-1所示，情景3（加大政策供给+低落户门槛）下，落户的农民工数量应该最多；情景2（维持政策供给现状+高落户门槛）下，落户的农民工数量应该最少。

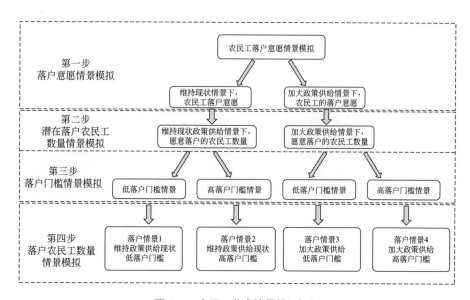

图4-1　农民工落户情景模拟框架

（二）农民工落户意愿情景模拟结果

1."维持政策供给现状"情景

如表4-13所示，问卷分析显示，19.10%的农民工愿意落户城镇，四类地区的农民工落户意愿分别为28.6%、19.4%、17.6%和17.3%。农民工进城时间不同，其落户意愿也呈现显著差别。在农民工全部调查样本中，进城不足1年的农民工落户意愿最高。四类地区落户意愿最高的农民工进城时间分别为连续居住3～5年、居住不满1年、居住不满1年、连续居住1～3年。

现状农民工落户意愿　　　　表4-13

落户意愿/%	整体	连续居住10年以上	连续居住5～10年	连续居住3～5年	连续居住1～3年农民工	连续居住不满1年农民工
全部样本	19.1	17.8	18.5	20.2	20.6	21.4
Ⅰ类地区	28.6	31.2	26.9	29.7	23.5	28.5
Ⅱ类地区	19.4	17.0	19.0	22.0	20.9	22.6
Ⅲ类地区	17.6	16.1	17.0	18.5	17.9	20.8
Ⅳ类地区	17.3	16.0	16.7	16.9	22.3	19.1

2. "加大政策供给"情景

如表4-14所示，在加大政策供给情景下，农民工的落户意愿得到显著提升。政策供给包括：保障农民工的农村土地等权益、在城镇工作更为稳定、收入得到明显提高、城镇住房保障明显改善（购买商品房或申请保障性住房）、随迁子女可以在城镇公立学校就读并参加高考、全家人在城镇可以团聚、在城镇不再受到歧视、落户政策更加明确、程序更加简化等。在加大政策供给情景下，农民工整体的落户意愿由19.1%提高至87.9%，落户意愿提升最为明显的是Ⅱ类地区中连续进城5～10年的农民工群体，愿意落户城镇的农民工比重提高了71.4个百分点。

加大政策供给情景下农民工落户意愿　　　　表4-14

落户意愿/%	整体	连续居住10年以上	连续居住5~10年	连续居住3~5年	连续居住1~3年农民工	连续居住不满1年农民工
全部样本	87.9	86.3	88.5	89.1	90.4	87.5
Ⅰ类地区	91.3	90.7	92.7	92.2	90.8	89.6
Ⅱ类地区	89.1	87.7	90.4	90.5	91.1	87.4
Ⅲ类地区	86.5	83.5	87.2	88.2	89.2	87.6
Ⅳ类地区	87.1	86.1	86.8	87.9	91.1	87.0

（三）潜在落户农民工数量情景模拟结果

1. 全国愿意落户的农民工数量情景模拟

如表4-15所示，在"加大政策供给"情景下，农民工落户意愿显著提升，愿意落户的农民工数量明显高于"维持现状"情景下农民工数量。如，2020年，"维持现状"和"加大政策供给"情景，愿意落户的农民工数量分别为2977.9万人和13686.6万人，分别占农民工总量的19.1%和87.9%；2035年，愿意落户的农民工数量分别为3249.4万人和13744.6万人，分别占农民工总量的19.2%和81.2%。

不同情景下愿意落户的农民工数量预测（全国）　　　　表4-15

年份	情景	农民工数量，按同一城镇连续居住时间/万人					合计	占比/%
		>10年	5~10年	3~5年	1~3年	不满1年		
2020	维持现状	1072.3	619.5	425.8	450.2	410.1	2977.9	19.1
	加大政策供给	5194.8	2959.1	1878.5	1976.6	1677.5	13686.6	87.9
2025	维持现状	966.6	584.3	404.8	436.5	396.2	2788.3	19.2
	加大政策供给	4682.5	2791.0	1785.7	1916.5	1620.6	12796.3	87.9

续表

年份	情景	农民工数量，按同一城镇连续居住时间/万人					合计	占比/%
		>10年	5~10年	3~5年	1~3年	不满1年		
2030	维持现状	988.2	614.0	427.2	466.6	424.0	2920.1	19.2
	加大政策供给	4787.4	2932.9	1884.6	2048.7	1734.4	13388.1	87.9
2035	维持现状	1084.3	684.0	476.9	525.2	479.0	3249.4	19.2
	加大政策供给	5252.8	2959.1	1878.5	1976.6	1677.5	13744.6	81.2

2. 四类地区愿意落户的农民工数量情景模拟

如表4-16至表4-19所示，四类地区在"加大政策供给"情景下，愿意落户的农民工数量明显高于"维持现状"情景下农民工数量。如，2035年，Ⅰ类地区"维持现状"和"加大政策供给"情景，愿意落户的农民工数量分别为1066.1万人和3407.9万人，分别占农民工总量的28.6%和91.3%；Ⅱ类地区愿意落户的农民工数量分别为1063.8万人和4895.5万人，分别占农民工总量的19.4%和89.1%；Ⅲ类地区愿意落户的农民工数量分别为1170.4万人和5743.7万人，分别占农民工总量的17.6%和86.5%；Ⅳ类地区愿意落户的农民工数量分别为83.7万人和420.4万人，分别占农民工总量的17.3%和87.1%。

不同情景下愿意落户的农民工数量预测（Ⅰ类地区）　　表4-16

年份	情景	农民工数量，按同一城镇连续居住时间/万人					合计	占比/%
		>10年	5~10年	3~5年	1~3年	不满1年		
2020	维持现状	363.5	194.2	148.9	108.0	92.0	906.7	28.6
	加大政策供给	1058.4	670.2	462.7	417.6	289.2	2898.2	91.3

续表

年份	情景	农民工数量，按同一城镇连续居住时间/万人					合计	占比/%
		>10年	5~10年	3~5年	1~3年	不满1年		
2025	维持现状	383.7	205.0	157.2	114.0	97.1	957.0	28.6
	加大政策供给	1117.1	707.4	488.4	440.8	305.3	3059.0	91.3
2030	维持现状	404.9	216.4	165.9	120.4	102.5	1010.1	28.6
	加大政策供给	1179.1	746.7	515.5	465.3	322.2	3228.7	91.3
2035	维持现状	427.4	228.4	175.1	127.0	108.2	1066.1	28.6
	加大政策供给	1244.5	788.1	544.1	491.1	340.1	3407.9	91.3

不同情景下愿意落户的农民工数量预测（Ⅱ类地区）　　表4-17

年份	情景	农民工数量，按同一城镇连续居住时间/万人					合计	占比/%
		>10年	5~10年	3~5年	1~3年	不满1年		
2020	维持现状	287.5	182.4	124.7	137.7	138.7	871.0	19.4
	加大政策供给	1486.0	869.9	513.4	601.9	536.9	4008.3	89.1
2025	维持现状	317.8	201.6	137.8	152.2	153.3	962.6	19.4
	加大政策供给	1642.3	961.4	567.4	665.2	593.4	4429.8	89.1
2030	维持现状	351.2	222.8	152.2	168.2	169.4	1063.8	19.4
	加大政策供给	1815.0	1062.5	627.1	735.2	655.8	4895.5	89.1
2035	维持现状	388.1	246.2	168.3	185.9	187.2	1175.7	19.4
	加大政策供给	2005.8	1174.2	693.0	812.5	724.7	5410.3	89.1

不同情景下愿意落户的农民工数量预测（Ⅲ类地区）　　表4-18

年份	情景	农民工数量，按同一城镇连续居住时间/万人					合计	占比/%
		>10年	5~10年	3~5年	1~3年	不满1年		
2020	维持现状	166.5	115.2	81.9	88.9	95.2	547.7	17.6
	加大政策供给	865.0	590.0	389.7	442.7	400.7	2688.1	86.5
2025	维持现状	214.5	148.4	105.6	114.4	122.6	705.5	17.6
	加大政策供给	1114.2	759.9	501.9	570.2	516.1	3462.3	86.5
2030	维持现状	276.3	191.2	135.9	147.4	157.9	908.7	17.6
	加大政策供给	1435.0	978.8	646.5	734.4	664.7	4459.4	86.5
2035	维持现状	355.8	246.2	175.1	189.8	203.3	1170.4	17.6
	加大政策供给	1848.3	1260.7	832.6	946.0	856.1	5743.7	86.5

不同情景下愿意落户的农民工数量预测（Ⅳ类地区）　　表4-19

年份	情景	农民工数量，按同一城镇连续居住时间/万人					合计	占比/%
		>10年	5~10年	3~5年	1~3年	不满1年		
2020	维持现状	339.8	164.3	100.8	126.9	99.4	831.3	17.3
	加大政策供给	1827.5	853.4	524.2	518.2	453.9	4177.3	87.1
2025	维持现状	158.1	76.4	46.9	59.0	46.3	386.6	17.3
	加大政策供给	850.0	396.9	243.8	241.1	211.1	1943.0	87.1
2030	维持现状	73.5	35.5	21.8	27.5	21.5	179.8	17.3
	加大政策供给	395.4	184.6	113.4	112.1	98.2	903.8	87.1
2035	维持现状	34.2	16.5	10.1	12.8	10.0	83.7	17.3
	加大政策供给	183.9	85.9	52.8	52.2	45.7	420.4	87.1

（四）落户门槛情景模拟设定

在满足稳定住所和稳定工作的"两稳定"条件下，在城市连续居住时间是考察农民工是否满足落户要求的主要条件。针对四类地区农民工落户压力的不同，分别由高到低设置落户门槛的高低方案。在满足"两稳定"条件下，"低门槛"情景下，Ⅰ类、Ⅱ类、Ⅲ类、Ⅳ类地区农民工落户需要分别满足连续居住5年、连续居住3年、连续居住1年、无居住时间要求；"高门槛"情景下，Ⅰ类、Ⅱ类、Ⅲ类、Ⅳ类地区农民工落户需要分别满足连续居住10年、连续居住5年、连续居住3年、连续居住1年的要求（表4-20）。

不同类型地区农民工落户门槛情景设置　　　　表4-20

地区类型	"低门槛"情景	"高门槛"情景
Ⅰ类地区	"两稳定"+连续居住5年	"两稳定"+连续居住10年
Ⅱ类地区	"两稳定"+连续居住3年	"两稳定"+连续居住5年
Ⅲ类地区	"两稳定"+连续居住1年	"两稳定"+连续居住3年
Ⅳ类地区	"两稳定"	"两稳定"+连续居住1年

三、不同类型地区农民工梯次落户城镇的情景模拟结果分析

（一）情景1：维持政策供给现状+低落户门槛

情景1下，政策供给维持现状，农民工落户意愿没有明显提升，而不同类型城市的落户门槛采取低门槛情景，满足落户条件的农民工数量有所提升。如表4-21所示，全国及四类地区农民工落户数量模拟结果如下。

（1）全国农民工落户数量。2020年落户2436.1万人，2025年落户2215.3万人，2030年落户2278.2万人，2035年落户2509万人，分别占

表 4-21 不同情景下全国及四类地区农民工落户数量（万人）

时间	政策供给情景	I类地区 低落户门槛 "两稳定"+连续居住5年	I类地区 高落户门槛 "两稳定"+连续居住10年	II类地区 低落户门槛 "两稳定"+连续居住3年	II类地区 高落户门槛 "两稳定"+连续居住5年	III类地区 低落户门槛 "两稳定"+连续居住1年	III类地区 高落户门槛 "两稳定"+连续居住3年	IV类地区 低落户门槛 "两稳定"	IV类地区 高落户门槛 "两稳定"+连续居住1年	合计 低落户门槛	合计 高落户门槛	占全国农民工比重/% 低落户门槛	占全国农民工比重/% 高落户门槛
2020	维持现状	557.7	363.5	594.6	469.9	452.6	363.7	831.3	731.8	2436.1	1929.0	15.6	12.4
2020	加大政策供给	1728.6	1058.4	2869.4	2356.0	2287.4	1844.7	4177.3	3723.4	11062.8	8982.5	71.0	57.7
2025	维持现状	588.6	383.7	657.1	519.4	582.9	468.5	386.6	340.4	2215.3	1711.9	15.2	11.8
2025	加大政策供给	1824.5	1117.1	3171.1	2603.7	2946.2	2376.0	1943.0	1731.9	9884.9	7828.7	67.9	53.8
2030	维持现状	621.3	404.9	726.2	574.0	750.8	603.4	179.8	158.3	2278.2	1740.6	15.0	11.4
2030	加大政策供给	1925.8	1179.1	3504.6	2877.5	3794.7	3060.3	903.8	805.6	10128.8	7922.4	66.5	52.0
2035	维持现状	655.8	427.4	802.6	634.3	967.0	777.2	83.7	73.6	2509.0	1912.6	14.8	11.3
2035	加大政策供给	2032.6	1244.5	3873.1	3180.0	4887.6	3941.6	420.4	374.7	11213.7	8740.9	66.2	51.6

全国农民工总量的15.6%、15.2%、15.0%、14.8%。

（2）Ⅰ类地区农民工落户数量。2020年Ⅰ类地区落户农民工557.7万人，2025年落户588.6万人，2030年落户621.3万人，2035年落户655.8万人，均占Ⅰ类地区农民工总量的17.6%左右。

（3）Ⅱ类地区农民工落户数量。2020年Ⅱ类地区落户农民工594.6万人，2025年落户657.1万人，2030年落户726.2万人，2035年落户802.6万人，占Ⅱ类地区农民工总量的13.2%左右。

（4）Ⅲ类地区农民工落户数量。2020年Ⅲ类地区落户农民工452.6万人，2025年落户582.9万人，2030年落户750.8万人，2035年落户967.0万人，占Ⅲ类地区农民工总量的14.6%左右。

（5）Ⅳ类地区农民工落户数量。2020年Ⅳ类地区落户农民工831.3万人，2025年落户386.6万人，2030年落户179.8万人，2035年落户83.7万人，占Ⅳ类地区农民工总量的17.3%左右。

（二）情景2：维持政策供给现状＋高落户门槛

情景2下，政策供给维持现状，农民工落户意愿没有明显提升，而不同类型城市的落户门槛采取高门槛情景，满足落户条件的农民工数量没有明显提升。如表4-21所示，全国及四类地区农民工落户数量模拟结果如下。

（1）全国农民工落户数量。2020年落户1929万人，2025年落户1711.9万人，2030年落户1740.6万人，2035年落户1912.6万人，分别占全国农民工总量的12.4%、11.8%、11.4%、11.3%。

（2）Ⅰ类地区农民工落户数量。2020年Ⅰ类地区落户农民工363.5万人，2025年落户383.7万人，2030年落户404.9万人，2035年落户427.4万人，均占Ⅰ类地区农民工总量的11.5%左右。

（3）Ⅱ类地区农民工落户数量。2020年Ⅱ类地区落户农民工469.9万人，2025年落户519.4万人，2030年落户574.0万人，2035年落户634.3万人，占Ⅱ类地区农民工总量的10.4%左右。

（4）Ⅲ类地区农民工落户数量。2020年Ⅲ类地区落户农民工363.7万人，2025年落户468.5万人，2030年落户603.4万人，2035年落户777.2万人，占Ⅲ类地区农民工总量的11.7%左右。

（5）Ⅳ类地区农民工落户数量。2020年Ⅳ类地区落户农民工731.8万人，2025年落户340.4万人，2030年落户158.3万人，2035年落户73.6万人，占Ⅳ类地区农民工总量的15.3%左右。

(三）情景3：加大政策供给+低落户门槛

情景3下，通过加大政策供给力度，农民工落户意愿得到明显提升，同时，不同类型城市的落户门槛采取低门槛情景，满足落户条件的农民工数量也得到明显提升。如表4-21所示，全国及四类地区农民工落户数量模拟结果如下。

（1）全国农民工落户数量。2020年落户11062.8万人，2025年落户9884.9万人，2030年落户10128.8万人，2035年落户11213.7万人，分别占全国农民工总量的71.0%、67.9%、66.5%、66.2%。

（2）Ⅰ类地区农民工落户数量。2020年Ⅰ类地区落户农民工1728.6万人，2025年落户1824.5万人，2030年落户1925.8万人，2035年落户2032.6万人，均占Ⅰ类地区农民工总量的54.5%左右。

（3）Ⅱ类地区农民工落户数量。2020年Ⅱ类地区落户农民工2869.4万人，2025年落户3171.1万人，2030年落户3504.6万人，2035年落户3873.1万人，占Ⅱ类地区农民工总量的63.8%左右。

（4）Ⅲ类地区农民工落户数量。2020年Ⅲ类地区落户农民工2287.4

万人，2025年落户2946.2万人，2030年落户3794.7万人，2035年落户4887.6万人，占Ⅲ类地区农民工总量的73.6%左右。

（5）Ⅳ类地区农民工落户数量。2020年Ⅳ类地区落户农民工4177.3万人，2025年落户1943万人，2030年落户903.8万人，2035年落户420.4万人，占Ⅳ类地区农民工总量的87.1%左右。

（四）情景4：加大政策供给＋高落户门槛

情景4下，通过加大政策供给力度，农民工落户意愿得到明显提升，而不同类型城市的落户门槛采取高门槛情景，满足落户条件的农民工数量没有明显提升。如表4-21所示，全国及四类地区农民工落户数量模拟结果如下。

（1）全国农民工落户数量。2020年落户8982.5万人，2025年落户7828.7万人，2030年落户7922.4万人，2035年落户8740.9万人，分别占全国农民工总量的57.7%、53.8%、52%、51.6%。

（2）Ⅰ类地区农民工落户数量。2020年Ⅰ类地区落户农民工1058.4万人，2025年落户1117.1万人，2030年落户1179.1万人，2035年落户1244.5万人，均占Ⅰ类地区农民工总量的33.3%左右。

（3）Ⅱ类地区农民工落户数量。2020年Ⅱ类地区落户农民工2356万人，2025年落户2603.7万人，2030年落户2877.5万人，2035年落户3180万人，占Ⅱ类地区农民工总量的52.4%左右。

（4）Ⅲ类地区农民工落户数量。2020年Ⅲ类地区落户农民工1844.7万人，2025年落户2376万人，2030年落户3060.3万人，2035年落户3941.6万人，占Ⅲ类地区农民工总量的59.3%左右。

（5）Ⅳ类地区农民工落户数量。2020年Ⅳ类地区落户农民工3723.4万人，2025年落户1731.9万人，2030年落户805.6万人，2035年落户

374.7万人，占Ⅳ类地区农民工总量的77.7%左右。

（五）情景模拟小结

研究基于14个省份46个地级及以上城市的农民工问卷调查，在分析全国及四类地区农民工典型特征、落户意愿及政策敏感性的基础上，利用"五步法"预测了未来全国及四类地区农民工总量和特征的变化趋势。以政策供给和落户门槛为关键指标，模拟分析了四种不同情景下，农民工落户的总量和分布。研究主要结论如下：

第一，未来农民工将进一步向中心城市集中。根据预测，Ⅰ类地区（北上广深）的一线城市2035年农民工数量将达到3732万，相比于2020年累计增加558万人；Ⅱ类地区（沿海外来人口密集城市）农民工数量先减少后增长，2035年将达到6073.38万人，与2020年相比累计增长1574万人；2035年Ⅲ类地区（其他直辖市、副省级城市、省会城市）农民工数量将较2020年翻番，累计增长3533万人，增幅为四类地区中最高，2035年达到6641.74万人。Ⅳ类地区（中西部其他城市）2035年农民工数量为482.38万人，与2020年相比下降4312万。

第二，加大政策供给，提高农民工落户意愿，是促进农民工在城镇落户的最关键举措。四类情景模拟结果显示，"加大政策供给+低落户门槛"情景对于促进农民工落户效果最为明显，可以促进66.2%~71%的全国农民工落户城镇，四类地区落户的农民工占比分别为54.5%、63.8%、73.6%、87.1%；其次为"加大政策供给+高落户门槛"情景，可以促进51.6%~57.7%的全国农民工落户城镇，四类地区落户的农民工占比分别为33.3%、52.4%、59.3%、77.7%；第三为"维持政策供给现状+低落户门槛"情景，可以促进15%左右的全国农民工落户城镇，四类地区落户的农民工占比分别为17.6%、13.2%、14.6%、

17.3%；最后为"维持政策供给现状+高落户门槛"情景，可以促进12%左右的全国农民工落户城镇，四类地区落户的农民工占比分别为11.5%、10.4%、11.7%、15.3%。

四、区域差别化梯次推进农民工落户城镇的总体思路

未来一段时期推进农民工差别化落户的总体思路是：坚持尊重意愿、积极稳妥、分区分群、责任分担的原则，以降低落户门槛为基本取向，以制定区域差别化准入条件和实施综合配套政策为路径，以合理分担成本和完善与户籍改革相关制度为保障，全面推进农民工分区域差别化梯次落户，尽可能让更多有条件的农民工落户城镇。

(一) 积极稳妥，在迈向远期目标中推进近期降低"落户门槛"

我国现行户籍制度作为一项人口迁移和管理的重要制度，在一定历史阶段有其积极意义，在今后相当长的时期内，户籍制度将继续存在并发挥作用。按照制度惯性原理，一项制度在没有找到更合理、更优化的新制度来代替以前，必然会按照原来的形式、内容和结构继续存在下去。户籍制度就是这样一种制度，在"惯性"作用下，户籍对人口迁移和城镇化的约束是通过制定具体的人口迁移和落户条件得到体现。可以预料，我国以对人口迁移"约束"为特征形成的户籍制度，在今后一定时期内仍将发挥作用。

户籍制度改革总目标的实现需要一个较长的过程，在这个过程中，总目标的实现要分阶段。近期坚持居住证与落户并重，持续降低落户门槛，推动户籍制度与社会福利制度同步改革，逐步让非户籍常住人口享有与城市居民同样待遇；远期通过剥离附着在户籍之上的公共服务、社会保障等权益，最终实现人口有序迁徙（图4-2）。

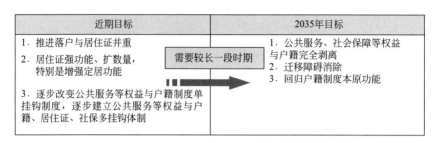

图 4-2　户籍制度改革近期目标与远期目标关系图

1. 近期（2020～2025 年）

坚持户籍与居住证双轨运行，在拓宽各级城市原有落户渠道的基础上，以居住证"强功能、扩数量"等完善城市非户籍常住人口公共服务获取新机制。一方面，针对农业转移人口户籍价值同城化待遇问题深化改革，推动户籍改革与福利制度同步改革，以居住证"强功能、扩数量"让农业转移人口享有城市居民同样福利；另一方面，久久为功放开放宽落户限制，推进愿落尽落，让更多有意愿有条件的农业转移人口落户城镇，实现同城同权。

2. 中期（2026～2030 年）

全面放开除超大城市外的落户条件，基本建立公共服务等权益与户籍、居住证、社保多挂钩体制，各级城镇公共服务获取条件进一步放宽，初步形成人口有序流动的局面。

3. 远期（2031～2035 年）

到 2035 年，剥离附着在户籍之上的社会福利，建立城市公共服务等权益与贡献（或实际居住和工作情况）挂钩制度（居住证或社保卡），户籍制度还原人口登记功能，全面实行经常居住地登记户口制度，实现人口的自由迁徙。同时，获取流入地的社会福利和权益，基本不需要任何落户条件，各项社会福利的获取与本地居民一样只需要各自较低的基本门槛。

(二)总体设计,分区域合理设置落户准入条件和配套政策

在我国这样一个地区差异如此大的国家,户籍制度改革必须采取差别化政策才能顺利推进。我国不同区域发展水平差距较大,户籍"含金量"差异明显,所面对的农民工落户压力和农民工群体有较大不同,有必要采取不同的落户准入条件和配套政策。对那些农民工规模大、资源环境承载力接近极限的地区,通过设置适当的准入门槛,有选择地让部分人进入,不仅会减轻对城市发展的压力,也有助于转变经济发展方式,提高经济发展质量。对那些人口承载潜力较大且需要加快经济发展的地区,则应通过降低落户门槛以利于更多吸纳农业转移人口,促进经济快速发展和产业聚集。对经济不发达、就业岗位少、公共服务水平不高的地区,在全面放开落户的同时,应着力培育特色支柱产业、创造就业岗位和提高城市公共服务水平,不断提高对农民工落户的吸引力。与此同时,基于农民工群体迁徙特征和落户意愿的差异,对长期进城、举家迁徙、新生代农民工,考虑其就业能力、融入城市社会能力、定居能力和落户意愿较强,应该作为落户重点;而对就业能力低、流动频繁、落户意愿不强的其他农民工,应以推进均等享有城市基本公共服务为重点,使其增强在城市长期生活的预期。

(三)改革联动,着力消除农民工群体落户城镇的相关制度障碍

长期以来,我国户籍制度承载了过多的附加功能。户籍"含金量"就在于这些附加功能所带来的公民权益的差异。因此,户籍制度不可能孤军突进,必须与相关制度联动改革。若仅仅放开户口登记和迁移管理,而相关制度改革不配套、不协调,不仅难以解决由人口迁徙而形成的新增城镇公共服务需求问题,还会造成"老市民"与"新市民"

之间诸多方面的利益冲突,不利于社会和谐稳定。只有配套改革劳动就业、社会保障、住房保障、教育招生、农地流转等相关制度,才能真正消除农民工群体落户城镇的各种障碍。

(四)强化责任,在强化各级政府责任的同时合理分担成本

推进农民工落户城镇必然触及某些利益关系调整,这需要从长远发展大局出发,增强各级政府的责任意识,既要从国家层面强力推动,又要合理分担成本,使以人为本的新型城镇化落到实处。

中央政府对户籍制度改革起着主导性作用。目前,中央政府对户籍制度改革的目标和政策导向已经十分明确,那就是要提高户籍人口城镇化率,推进有条件的农民工在城镇逐步落户。地方政府对推进农民工落户城镇的态度要复杂一些。一方面,从本地区经济发展的角度出发,地方政府也希望加快农村人口向城市转移,同时,随着我国农村剩余劳动力储量减少,很多城市需要通过落户稳定一批技能较高的农民工;另一方面,地方政府从财政能力方面考虑,往往担心损害原有市民的既得利益,又倾向于从严控制农民工进城落户。

因此,推进农民工落户城镇要在增强各级政府责任的同时,调动地方政府的积极性。一方面,由于农民工落户城镇事关权利配置与利益关系调整,需要中央政府以更大的力度协调推进配套改革,加快制定合理的成本分担机制。中央财政在基础教育、社会保障等纯公共品方面承担更多的支出责任,帮助那些财力薄弱而吸纳农民工进城落户任务较重的地方政府减轻经济压力。另一方面,需要在增强地方政府责任意识的同时,通过建立切实可行的"人地"挂钩、"人钱"挂钩等系列激励性机制,有效调动地方政府加快户籍制度改革、推进农民工进城落户的积极性。

参考文献

1. 欧阳慧. 谨防农民工落户的隐形门槛［J］. 中国发展观察，2016（15）：32-33.

2. 欧阳慧，邹一南. 分区域分群体推进农民工差别化落户城镇［J］. 中国软科学，2017（3）：66-73.

3. 郝永红，王学萌. 灰色动态模型及其在人口预测中的应用［J］. 数学的实践与认识，2002，32（5）：8.

4. 何灵聪. 城市总体规划中的人口规模预测方法和结果检讨：武汉市的实证分析［J］. 规划师，2015，31（10）：6.

5. 张占斌. 新型城镇化的战略意义和改革难题［J］. 国家行政学院学报，2013（1）：7.

6. 李永浮，鲁奇，周成虎. 2010年北京市流动人口预测［J］. 地理研究，2006，25（1）：10.

7. 邓羽，刘盛和，蔡建明，等. 中国省际人口空间格局演化的分析方法与实证.［J］. 地理学报，2014，69（10）：1473-1486.

8. 郭雪峰，黄健元，王欢. 改进的灰色模型在流动人口预测中的应用［J］. 统计与决策，2018（8）：4.

9. 陈映芳. "农民工"：制度安排与身份认同［J］. 社会学研究，2005（3）：15.

10. 孙文凯，白重恩，谢沛初. 户籍制度改革对中国农村劳动力流动的影响［J］. 经济研究，2011（1）：28-41.

第五章 区域差别化梯次推进农民工落户城镇的实施路径和政策体系

推进农民工落户城镇是经济社会发展的一项系统工程，需要根据不同地区的特点，在发挥市场配置资源决定性作用的基础上，充分发挥政策导向作用，从落户准入政策，以及公共服务、产业发展、空间布局、城市管理等配套政策多个维度系统谋划，制定针对性政策措施。本章基于四类不同地区的突出特征与主要矛盾，结合不同地区农民工典型特征、落户意愿和政策敏感性分析，从政策突破重点、人群策略、准入策略、空间策略、保障策略等，明确各地区梯次推进农民工落户城镇的差异化实施路径和施策重点。

一、不同类型地区的典型特征分析

（一）Ⅰ类地区典型特征

Ⅰ类城市主要包括北京、上海、广州、深圳等一线城市，这些城市的基本特征主要表现在以下几方面：

一是经济综合实力突出，集聚了一批大型央企、国企和大型优质民营企业，人均国内生产总值和可支配收入位居全国前列，第三产业特别是金融等生产性服务业和教育、科技创新、文化娱乐等生活性服务业发达，同时对外开放程度较高，国际交往密切，吸引境外资本、技术、人才等功能突出。

二是公共服务资源优势明显，医疗、教育、交通等公共服务质量和水平领先全国，相应领域的人才、技术、资本高度集聚，对外来人口有十分显著的吸引力。

三是城区常住人口规模长期保持在千万以上，特别是北京、上海，人口已经逼近资源承载力的天花板（北京和上海分别提出人口控制在2300万人以内和不超过2500万人），虽然近年来随着功能疏解有序推进，但庞大的人口基数短期内难有较大改变。

四是存在不同程度的交通拥堵、环境污染、资源紧张、房价较高等"大城市病"，吸纳外来人口落户的积极性总体不高。

（二）Ⅱ类地区典型特征

Ⅱ类地区包括长三角、珠三角、闽东南地区28个主要城市，这些城市的基本特征主要表现在以下几方面：

一是经济活力突出，产业专业化集聚程度较高，制造业基础雄厚，近年来转型升级步伐较快、布局科学合理，创新创业创造势头向好，新产业新业态新模式渐进形成。

二是公共服务水平较高，东部发达地区城镇环境优美、宜居宜业，对教育、医疗等专业领域人才吸引力较强，从而带动整体公共服务水平有较好的发展。

三是人口规模增长迅速，主要是东部地区人口密度较高，上述城镇的周边地区（包括跨省）的农业转移人口为了追求更好收入和更好生活环境而进城务工，使得部分城镇非户籍人口数量明显超过常住人口数量。

四是部分城镇公共服务供给能力有限，如农业转移人口在上述城市工作、生活的重要原因之一是为子女享受更好的基础教育服务，导致部分地区公办义务教育学位迅速填满，校舍、教师资源紧张。

(三) Ⅲ类地区典型特征

Ⅲ类地区主要包括天津、重庆等直辖市，以及Ⅰ类和Ⅱ类之外的其他省会及副省级城市，共计27个城市，这些城市的基本特征主要表现在以下几方面：

一是经济社会地位较高，大多属于区域、省域中心城市，历史上就具备较好的城市发展基础，在产业配套、交通物流、人才引进等方面具有比较优势，对周边地区也具有一定的辐射带动作用。

二是公共服务资源相对充裕，这些得益于较高的行政地位，吸引集聚区域、省域内优质资源的能力较强，往往集中了省内、区域内相对优质的教育、医疗等公共服务人才和资源。

三是人口基数较大，长期以来对省内、区域内高校毕业生有较强吸引，城市也有较强意愿接纳这些城市发展的"新生力量"，如武汉、成都、西安、郑州等城市对大学生落户几乎实施"零门槛"。

四是对于一般劳动力落户存在限制，当前部分省会城市对农业转移人口仍然设有一定门槛，同时在发展新经济、拓展新动能、吸纳新就业人口方面还有较大提升空间。

(四) Ⅳ类地区典型特征

Ⅳ类城市包括除上述三类城市以外的其他地级市，共计277个地级单元。这些城市区位条件、经济发展水平、自然环境和人口承载能力差异较大,整体上看,其基本特征主要表现在以下几方面。

一是经济实力相对偏弱,由于超大、特大城市对周边中小城市存在"虹吸现象"等因素,导致部分中小城市经济总量偏小、城市产业结构不合理,经济高质量发展后劲不足。

二是公共服务供给能力一般,由于城市发展活力不足,城市基础设施建设和公共服务投入有限,为本地户籍人口提供基本公共服务尚可维持,对农业转移人口接纳能力有限。

三是人口基本面不容乐观,由于城市产业支撑就业能力不足,民营经济发展乏力,城镇岗位新增有限,难以吸纳人口在城镇集聚。

四是一些资源枯竭型城市、边境城市存在萎缩风险,由于城市无法创造有效就业岗位,部分城市存量人口外迁数量逐年增加,经济衰退问题凸显,新出生的增量人口也越来越少。

二、不同类型地区差别化梯次推进农民工落户城镇的实施路径

各区域要围绕"谁落户、怎么落、落到哪、如何保障"制定差异化的落户策略。在Ⅰ类地区以空间换容量为突破点,实行"重点突破、适度从紧、郊区为主、提升管理"的落户政策;Ⅱ类地区以政策提能力为突破点,实行"存量优先、渐次放开、全域承接、加大倾斜"的落户政策;Ⅲ类地区以创新强保障为突破点,实行"存量为主、适度宽松、分级引导、省域统筹"落户政策;Ⅳ类地区[其余地级市(区、盟)]以激励增意愿为突破点,实行"全面放开、取消门槛、市县为主、增强承载"的落户政策(表5-1)。

推进农民工区域差别化梯次落户的策略重点　　表5—1

类型	突破点	人群策略	准入策略	空间策略	保障策略
Ⅰ类地区	以空间换容量	重点突破	适度从紧	郊区为主	提升管理
Ⅱ类地区	以政策提能力	存量优先	渐次放开	全域承接	加大倾斜
Ⅲ类地区	以创新强保障	存量为主	适度宽松	分级引导	省域统筹
Ⅳ类地区	以激励增意愿	全面放开	取消门槛	市县为主	增强承载

(一) Ⅰ类地区实施路径

北上广深地区存量农民工规模大，落户意愿高，特别是5年以上长期进城农民工占比大，使用城市公共资源已是既成事实；同时大量人口持续向主城区集聚，造成"大城市病"日益突出，人口综合承载力持续下降。因此，需充分考虑Ⅰ类地区农民工的特征及城市发展实际推进农民工落户，以空间换容量为突破点，实行"重点突破、适度从紧、郊区为主、提升管理"的落户策略。

以空间换容量为突破点，就是要加强城市空间规划管理，从更广域的空间优化生产力布局，尽可能引导新增城市人口由主城区向郊区疏解，通过空间布局的拓展优化提高城市人口容量，为降低门槛推进农民工落户突破"容量界限"。

重点突破，就是在适度控制城市人口总量的前提下，重点解决存量农民工群体的落户问题，特别是已较好融入城市社会多年的长期进城、举家迁徙和落户能力较强的新生代农民工群体。

适度从紧，就是要以城市综合承载力为依据，充分考虑城市科学发展、功能转型升级需要，落户政策适度从紧，避免因落户门槛过低导致城市不堪重负。

郊区为主，就是要根据城市内不同区域的承载能力和功能定位，对在主城区、近郊区、远郊区等不同区域的农民工落户实行差别化政策，近郊区和远郊区可适度放宽落户条件，严格控制在主城区落户。

提升管理，就是要以解决"大城市病"为核心，增强城市规划的科学性和权威性，提高城市尤其是郊区公共服务和市政管理水平，着力打造智慧城市，加强城市治理水平，全面增强城市承载力。

(二) II类地区实施路径

II类地区跨省农民工存量规模大，落户意愿高，城市还有较大的人口承载空间，但由于受城市行政等级不高的影响，城市公共服务供给能力难以满足吸纳大量农民工落户的需要，未来应以政策提能力为突破点，实行"存量优先、渐次放开、全域承接、加大倾斜"的落户策略。

以政策提能力为突破点，就是要发挥经济较发达，土地价值高的优势，给予一定的政策支持，加快形成"人地钱"良性互动的落户机制。

存量优先，就是要根据城市资源环境承载能力、人口结构、经济社会发展水平，优先解决进城时间长、就业能力强、新生代等存量农民工落户。

渐次放开，就是要把握好松紧力度和节奏，分期分批逐步推进农民工落户，防止急躁冒进带来城市治理压力过大和农民工不能稳定就业的风险。

全域承接，就是要在统筹推进全市域基本公共服务均等化的基础上，根据全市各功能区布局规划引导落户农民工合理分布，以全域空间的合理配置增强城市承接能力。

加大倾斜，就是要求国家"三挂钩"激励政策向其倾斜，引导地方政府从获得人口红利、增强城市竞争力出发，增强吸纳农民工落户的积极性。

(三) Ⅲ类地区实施路径

Ⅲ类地区大部分是内陆省份的核心城市，省内农民工规模大，落户意愿高，同时是全省工业化、城镇化推进的重点地区和政策高地，资源配置能力较强，体制机制创新空间大，未来应以创新强保障为突破点，实行"存量为主、适度宽松、分级承接、省域统筹"落户策略。

以创新强保障为突破点，就是发挥Ⅲ类地区是全省资源要素集聚高地的优势，创新体制机制，尽量以市场力量激活增量资源，增强吸纳农民工落户的保障能力。

存量为主，就是要建立顺畅的户籍转移通道，重点引导进城时间长、举家迁徙以及新生代等存量农民工自愿进入城镇定居，适度推进有条件的增量农民工落户。

适度宽松，就是分级放宽落户条件，适度放宽主城区，大幅度放开近郊区特别是远郊区县城，全面放开小城镇落户，积极引导农民工转移落户，鼓励有条件的农民工整户转为城镇居民。

分级引导，就是要以"主城－县城－重点镇"梯次构建城镇体系，分级引导农民工落户，优化人口空间分布。

省域统筹，就是要发挥省域核心城市优势，以体制机制创新争取更多的省域资源支持，力争统筹省域资源解决农民工落户问题。

(四) Ⅳ类地区实施路径

Ⅳ类地区经济发展水平不高，就业岗位不足，公共服务水平较低；

各个城市的农民工规模小、落户意愿低,未来应以激励增强农民工落户意愿为突破点,实行"全面放开、取消门槛、市县为主、增强承载"落户策略。

以激励增意愿为突破点,就是要从劳动保障、社会保障、住房保障等方面制定系列激励政策,增强在城镇稳定就业和稳定居所农民工的落户意愿,促进这些城市提高户籍城镇化水平。

全面放开,就是对农民工人群不加以区分,对所有农民工放开落户。

取消门槛,就是在尊重农民工意愿的基础上,只要满足"两稳定"基本条件,就允许农民工在就业地落户。

市县为主,就是顺应尚处于空间集聚的区域特征,以做大主城区及县城为重点,引导农民工落户在主城区及县城。

增强承载,就是要加大支持力度,加快产业发展,创造更多就业岗位;加强基础设施和公共服务设施建设,全面提升公共服务水平,以增强对农民工落户的吸引力。

三、区域差别化梯次推进农民工落户城镇的政策体系

(一)Ⅰ类地区的政策重点

1. 落户准入政策

Ⅰ类地区是农业转移人口落户的难点地区,要按照重点突破、适度从紧、郊区为主原则,以解决在城市工作居住时间较长的农业转移人口群体落户为主,从严控制主城区,放宽近郊区和远郊区,进一步放开小城镇落户条件,分区引导符合条件的农业转移人口就近落户城镇。近期以积分落户为主,有序放宽城市人口控制规模,不断完善城

市积分落户政策,降低积分前置条件,进一步提高就业、居住、社保缴纳年限积分所占比重,取消积分落户数量限制。远期,逐步放开广州、深圳落户限制,进一步降低北京、上海积分落户限制条件。

2. 配套政策重点

Ⅰ类地区城市主城区人口集聚过多过密是其突出的矛盾,要以空间换容量,重点从优化空间布局、加强管理和突破住房、社保难点等方面采取有力措施,统筹解决吸纳符合条件的农业转移人口落户与缓解"大城市病"问题。

促进主城区与其核心功能关系不大的产业向外围地区疏解,增强产业布局对农业转移人口落户空间的引导作用。针对北、上、广、深经济活动过度集聚在主城区,"大城市病"问题突出的现实状况,通过调整产业空间布局,优化城市人口分布,发挥城市人口承载潜力。在强化主城区核心功能的同时,注重郊区新城的综合功能培育。政府相关政策应向郊区倾斜,尤其要大力培育和发展新区的支柱产业,有效承接主城区向外疏解、转移的功能和就业,创造新的就业岗位,避免新区成为"卧城"甚至"鬼城"。相应地,人口调控逐步由过去以行政手段为主的直接控制向以市场导向为主的间接调控转变。

提升城市郊区公共服务水平,发挥城市人口承载潜力。公共服务水平直接影响到城市人口的流动。应正视Ⅰ类地区主城区与郊区公共服务水平的巨大差距,加大支持力度,大力提升城市郊区公共服务水平,减少对主城区的基础设施、公共服务的依赖。一要发挥政府财政资金的引导和放大效应,创新投融资模式,积极引导社会资本参与城市郊区基础设施和公共服务设施供给。二要从解决超大城市基本公共服务设施在中心城区"过密"和外围"过疏"问题出发,增强政府的规划引导和推动作用，积极引导主城区优质医疗、卫生、教育等公共服务机构到城市郊区设立分支结构。三要完善城市郊区生活服务配套设施，在规划上留出足够空间满足今后生活性服务业发展需要，并通过市场化手段强化投资建设。四要进一步完善居住证制度，使居住证持有者享有的公共服务项目和办事便利稳步增加、含金量持续提升，逐步实现以居住证为载体，推动义务教育、职业技能培训、基本养老、基本医疗、保障性住房等加快覆盖常住人口，同时加快完善全国统一的城乡居民基本养老保险制度和基本医疗保险制度，不断简化社保跨制度、跨地区转移接续流程，使超大城市中的农业转移人口进一步融入城市生活。

借鉴日本经验，利用市场力量为大规模非户籍常住人口提供可支付健康住房。可支付健康住房是指非户籍常住人口支付得起的具有独立卫生设施和厨房、可以满足家庭私密性生活的独立居住空间。日本长期鼓励私人建设小户型出租住房，为中低收入居民提供可支付健康住房。根据中国人民大学的研究，如果市场上有充分的20～60平方米的健康住房用于出租或者出售，那么，北上广深等超大城市大约90%的非户籍常住人口可以依赖市场解决住房问题[①]。目前特大城市虽然有房地产规划、廉租房规划以及公共租赁房规划，但是各规划互不衔接，对人口覆盖面窄，大部分非户籍常住人口的住房需求没有纳入规划中。亟须形成非户籍常住人口"二二四二"可支付健康住房供给结构，即利用税收和信贷政策激励房地产商开发面积适中的紧凑型健康住房，为占非户籍常住人口20%的高收入群体提供可支付住房；激励大型企

---

① 根据中国人民大学《广州农村地区新型城镇化发展战略架构与实施机制研究》项目组的研究成果。

业和开发区建设功能完备的宿舍区，为非户籍常住人口中20%的单身中低收入者提供健康住房；促进城中村转型，为非户籍常住人口中40%的中低收入群体提供小面积可支付健康住房，居住面积以20～60平方米为宜；运用公共财政资金以配建、配租、新建等多种形式为非户籍常住人口20%的最低收入群体提供公共租赁住房，使公租房供给规模与政府公共财政承受能力相适应。

提升城市科学管理水平，加强对"大城市病"的治理。参考国外成功经验，结合我国实际，解决"大城市病"问题应牢固树立科学发展理念，着力提高城市科学管理水平，创新体制机制。第一，强化城市规划的约束力，保证城市内部及组团之间公共绿地、农业用地、防护林以及自然和人工水体不被侵占。通过合理的功能分区，在提高建成区人口密度的同时，保持城市公共活动空间和绿地，保障居民的生活质量。第二，加强城市公用设施建设，特别是完善公共交通系统。第三，鼓励区县之间、城市之间建立税收等利益分享和协调机制，为生产和服务职能向城市郊区和大城市周边的中小城市疏散提供机制保障。第四，借鉴发达国家经验，提高城市交通、污染防治、公共安全等管理水平。第五，针对超大城市土地要素供应有限等问题，充分运用市场机制盘活存量土地和低效用地，以多种方式推进国有企业存量用地盘活利用，加强土地供应利用统计监测。

（二）Ⅱ类地区的政策重点

1. 落户准入政策

把握好松紧力度和节奏，逐渐放开城市落户限制。大幅度降低落户限制，取消进城就业生活5年以上和举家迁徙的农业转移人口、在城镇稳定就业生活的新生代农民工、农村学生升学和参军进城的人口等重点人群落户限制，分期分批逐步推进农业转移人口落户。

2. 配套政策重点

Ⅱ类地区农业转移人口规模大且跨省农业转移人口比重高，农业转移人口参保率明显低于Ⅰ类、Ⅲ类地区，城市公共服务供给能力难以满足庞大的落户农业转移人口需求。配套政策重点应放在加大基本公共服务均等化力度，创新体制机制，提升农业转移人口社会融合能力等方面。

强基本，加强劳动就业和社会保障相关法律法规与政策的实施力度。针对Ⅱ类地区跨省农业转移人口多，社会保险跨省接续困难，农业转移人口签订劳动合同与参保率双低的现实，要加强对企业的监管和激励，在加大劳动合同法执法力度的同时，多措并举提高农业转移人口的社会保险参保覆盖率，尽快解决社保跨省接续问题，为农业转移人口落户城镇创造条件。

补短板，加快推进公共服务供给按照常住人口管理配置。针对Ⅱ类地区城市公共服务供给存在的短板问题，应督促这类地区按照常住人口来规划和配置城市的公共服务供给资源，加快弥补公共服务供给的短板，确保农业转移人口群体能够充分享受市民待遇，保障落户农业转移人口与城市居民享有同等的公共服务。

发挥土地要素价值高的优势，创新以土地为关键环节的城乡统筹发展政策。Ⅱ类地区的土地要素价值较高。要充分利用这一优势，鼓励这些地区通过创新城乡融合政策，激活土地要素，加快形成促进农业转移人口落户城镇的"人地钱"良性互动机制。

强化要素保障，推进国家"三挂钩"激励政策向Ⅱ类地区倾斜。充分考虑Ⅱ类地区跨省农业转移人口规模大，地方政府财政压力大的实际情况,国家颁布实施的农业转移人口市民化"三挂钩"激励政策,对Ⅱ类地区应予重点倾斜。在中央、省级支持下按照高质量发展的内在要求强化要素集聚,强化土地、资金、人才等要素保障,尤其在土地要素供应方面,推动土地计划指标更加合理化,城乡建设用地指标使用应更多由省级政府负责,探索建立全国性的建设用地、补充耕地指标跨区域交易机制。

(三) Ⅲ类地区的政策重点

1. 落户准入政策

加快督促Ⅲ类城市全面取消城市落户限制,在尊重农业转移人口意愿的基础上,只要满足"两稳定"基本条件,就允许农业转移人口在就业地落户。同时,重点率先推动进城就业生活5年以上和举家迁徙的农业转移人口、在城镇稳定就业生活的新生代农民工、农村学生升学和参军进城的人口等存量重点人群自愿进入城镇定居落户。

2. 配套政策重点

Ⅲ类地区城市是各省推进城镇化的重点地区,应从各省发展大局出发,顺应市场规律,发挥该类城市较强的集聚力和辐射力,创新体制机制,加快解决与农业转移人口落户相关的资源要素配置问题。

开展建设用地省内统筹试点,利用土地市场解决农业转移人口落户的用地需求问题。逐步建立城乡统一的建设用地市场是完善社会主义市场经济体制的要求,一些地方进行了实践探索,取得了成功经验。目前建立城乡统一的土地市场面临着法律规定、土地财政等方面的限制。应当在总结试点经验的基础上,借鉴重庆经验,选择Ⅲ类地区所在的典型省份,率先开展建设用地省内统筹试点,在控制城乡建设用地总规模的前提下,通过创新建设用地指标交易方式,推进城镇建设用地增加与农村建设用地减少挂钩，逐步建立城乡统一的建设用地市场，解决好农业转移人口落户城镇的用地问题。

发挥融资能力强的优势，利用市场化方式解决农业转移人口落户的住房问题。Ⅲ类地区城市自我融资能力较强。在政府扶持下，可采用PPP或国有投资集团参股等多种模式，以市场化运作方式对农业转移人口住房进行投资、建设、管理、运营，采取租售并举的方式实现运营平衡，妥善解决好农业转移人口落户后的住房难题。

加快推进社会保险省级统筹，为省内农业转移人口在省内核心城市落户创造条件。Ⅲ类地区城市是承接省内农业转移人口落户的主要载体，在社会保险难以短期内实现全国统筹的情况下，加快推进省级统筹有利于解决省内农业转移人口社会保险关系异地转移接续，促进劳动力按市场规律合理流动。当前，中央财力有限，实现全国统筹的难度很大，国家明确要求各省提高社会保险的统筹层次，尽快实现省级统筹。为加快推进Ⅲ类地区农业转移人口落户城镇，这些地区应加快推进社会保险省级统筹，为落户农业转移人口构筑社会保险安全网。

拓展城市人口承载能力，引导新城新区建设吸纳农业转移人口落户的产城融合新载体。在省内农业转移人口大量集聚的省会城市、副省级城市或省级市（直辖市），近年来大都建设了新城新区。新城新区作为吸纳农业转移人口就业落户的主要载体，应以产城融合为抓手，做强产业、完善城市功能、营造宜居环境，全面增强对农业转移人口的吸纳能力。一要依据其功能定位和比较优势，以市场需求为导向，差异化发展新一代信息技术、生物、高端装备制造等战略性新兴产业及现代服务业，承接主城区向外转移的新兴产业，完善产业链条和协作配套体系，增强产业支撑能力。二要注重城市功能平衡开发，大力增强城市综合服务功能，促进职住平衡，促进制造、商贸、物流、办公、文化娱乐、公共设施等协调发展，建设产城一体的功能区。三要营造宜居环境，尊重自然，保护水网系统，加强绿地、林地、湿地建设，丰富生态和文化要素，营造更多人文要素与自然生态要素紧密结合的生活休闲空间。

（四）Ⅳ类地区的政策重点

1. 落户准入政策

加快督促Ⅳ类城市全面放开落户限制，在尊重农业转移人口意愿的基础上，只要满足"两稳定"基本条件，就允许农业转移人口在就业地落户。

2. 配套政策重点

Ⅳ类地区农业转移人口占全国农业转移人口总量的40.73%，在各类地区中农业转移人口占比最高但落户意愿最低。未来应以增强农业转移人口落户意愿为核心，以创造就业岗位、完善公共服务设施、创新城乡融合体制机制等为抓手，促进农业转移人口落户城镇。

大力承接Ⅰ、Ⅱ、Ⅲ类地区产业转移，创造更多就业岗位。一要出台承接产业转移的激励政策，在基础设施建设、产业用地、财政金融、人才流动等方面加大政策支持力度，积极承接Ⅰ、Ⅱ、Ⅲ类地区向外转移的产业，鼓励农业转移人口回乡创业。二要加快承接产业转移的园区载体建设，加大对产业园区基础设施建设的资金和政策支持力度，不断优化园区发展环境。三要大力发展有市场需求的劳动密集型制造业、服务业和各类中小企业，发展有利于扩大就业的新业态，鼓励、支持、引导非公有制经济发展，扩大就业规模，改善就业结构。

加大对城镇公共服务设施建设支持力度，提升Ⅳ类地区城镇户籍

"含金量"。Ⅳ类地区是我国公共服务设施欠账最多、公共服务水平最低的地区。下一步应补短板，以支持公共服务设施建设为重点，加大对此类地区财政转移支付力度，大力提升城镇教育、医疗、文化等公共服务水平，增强城镇户籍的"含金量"，增强对农业转移人口落户的吸引力。

结合房地产去库存，妥善解决农业转移人口落户后的住房问题。住房问题是农业转移人口落户面临的主要困难之一。Ⅳ类地区城市大都是我国的三、四线城市，房地产库存量大，消化库存的压力大，应客观评估安徽、江西、山东等省鼓励农民购房相关政策效果，总结经验，从购房补贴、保障房建设、住房公积金等方面，探索可复制的鼓励农民购房、租房政策，在Ⅳ类地区推广实施，切实解决农业转移人口落户后的住房问题。

参考文献

1. 李振京，张林山，等. 我国户籍制度改革问题研究［M］. 济南：山东人民出版社，2014：1.

2. 欧阳慧. 新一轮户籍制度改革实践中的落户困境与突破［J］. 经济纵横，2020（9）：57-62.（16）.

3. 欧阳慧. 谨防农民工落户的隐形门槛［J］. 中国发展观察，2016（15）：32-33.

4. 欧阳慧，李智，李爱民. 进一步推动1亿非户籍人口在城市落户的政策建议：基于江苏、浙江的调研［J］. 中国发展观察，2019（23）：66-67+62.

5. 欧阳慧，邹一南. 分区域分群体推进农民工差别化落户城镇［J］. 中国软科学，2017（3）：66-73.

6. 欧阳慧，张燕，滕飞，邹一南. 农民工群体差别化落户思路与政策研究［J］. 宏观经济研究，2018（2）：158-167.

7. 欧阳慧. 一步到位以户籍化促进有条件农民工的城镇化［J］. 中国发展

观察，2017（Z1）：15-16.

8. 史育龙，申兵，刘保奎，欧阳慧. 对我国城镇化速度及趋势的再认识［J］. 宏观经济研究，2017（8）：103-108，161. DOI：10.16304/j.cnkI.11-3952/f.2017.08.010.

9. 岳伟，于利晶."两为主"政策执行失真的原因及对策研究［J］. 教育理论与实践，2013，33（17）：9-12.

10. 王洛忠，徐敬杰，闫倩倩. 流动人口随迁子女义务教育阶段就学政策研究：基于18个城市政策文本的分析［J］. 学习与探索，2020（3）：23-31，174.

11. 刘俊贵，王鑫鑫. 农民工随迁子女义务教育经费保障问题及对策研究［J］. 教育研究，2013，34（9）：72-77.

12. 邬志辉，李静美. 农民工随迁子女在城市接受义务教育的现实困境与政策选择［J］. 教育研究，2016，37（9）：19-31.

13. 葛新斌，尹姣容. 农民工随迁子女异地高考困局的成因与对策［J］. 华南师范大学学报：社会科学版，2014（2）：48-52，159-160.

14. 姜立文，刘晨红，姜桦，李斌. 我国跨省异地医保联网直接结算的问题与策略研究［J］. 中国初级卫生保健，2019，33（6）：8-9.

15. 林怡婧. 包容性发展视角下农民工社会保险供给问题探析［J］. 武汉冶金管理干部学院学报，2018，28（3）：3-6.

16. 郭秀云. 劳动力转移就业与社会保障多边合作机制研究：借鉴欧盟政策设计及其启示［J］. 现代经济探讨，2010（3）：83-87.

17. 李靖堃. 从经济自由到社会公正：欧盟对自由流动劳动者社会保障的法律协调［J］. 欧洲研究，2012，30（1）：128-142，4.

18. 吴宾，李娟. 农民工住房保障政策失灵及其矫正策略［J］. 湖南农业大学学报：社会科学版，2016，17（2）：36-42.

19. 陈宝华. 农民工市民化进程中的住房问题研究［J］. 农村经济与科技，2018（11）.

20. 谢建社，朱小练，陈键城，赵玉. 保障性住房视角下农民工城市融入的路径分析［J］. 黑龙江社会科学，2020（5）.

21. 陈双庆. 浅谈盐碱地生态改造原则［J］. 中国农村科技，2018（11）：16-18.

22. 胡新艳，罗明忠，张彤. 权能拓展、交易赋权与适度管制：中国农村宅基地制度的回顾与展望［J］. 农业经济问题，2019（2）：73-81.

23. 金励. 城乡一体化背景下进城落户农民土地权益保障研究［J］. 农业经济问题, 2017, 38（11）: 48-59.

24. 金细簪, 周家乐, 储炜玮. 三权改革背景下土地权益与农民永久性迁移分析: 来自浙江4个县市4个行政村的实证［J］. 人口学刊, 2019（5）: 101-112.

25. 孔祥智, 周振. 我国农村要素市场化配置改革历程、基本经验与深化路径［J］. 改革, 2020（7）: 27-38.

第六章　区域差别化梯次推进农民工落户城镇的土地政策

"人地挂钩、以人定地"是实现我国农民工城镇落户、推进以人为核心的新型城镇化的重要政策工具。提升人口城镇化质量，要持续健全我国人地挂钩机制，重点是推动我国土地政策适应农村人口迁徙与农民工城镇落户需要，特别是与农民工区域分化集聚的特征相对称。为此，本章设计了区域差别化梯次推进农民工落户城镇的土地政策，简要概括为"划分四类地区、聚焦三种交易方式、打通两个通道、配套四项措施"。

一、改革开放以来涉及城镇化发展的土地政策演变

土地政策无疑是影响农民工城镇落户的重要因素。理论上，土地政策从两个方面影响着农民工城镇落户。在迁出地，农村土地政策特别是农民工城镇落户后，遗留在农村的土地资产归属与权益问题，直接牵动着农民工的落户意愿与实际行为，也影响着农业适度规模经营、农民土地财产增收和乡村振兴发展大局；在迁入地，城镇地区建设用地的供地政策，决定着城市的住房供给数量与住房价格，影响到农民工能否在城镇住有所居，关乎农民工能否在城镇真正"落"得下来。

改革开放以来，我国人口迁徙政策经历了从禁止农民进城到促进农民工城市融入的历史转变，为适应城镇发展、农业人口城市居住以及落户，相关配套土地政策也经历了数次调整变革，专项围绕农民工进城落户的土地政策正在逐步形成与完善。

(一)第一阶段(1984~1996年)：农民进城、城镇扩张与耕地占用

自20世纪50年代户口制度建立以来，我国农村人口长期被限制流动，直至1984年，限制农村劳动力流动的政策逐渐松动，部分富有冒险精神的农村人口开始进城谋生。1989年全国农村外出劳动力达到3000万人，而改革开放初期这个数值还不到200万人。但是，这段时期国家政策对农村劳动力流动仍然非常谨慎，农村劳动力外出流动附加了许多限制性规定，严禁农村劳动力盲目外出，打击"盲流"成为当时人口流动管制的时代特征。1992年，邓小平发表南方谈话，提出"要允许一部分人、一部分地区先富起来"，我国东部沿海等改革开放前沿阵地发展步伐加快，工业化快速发展，劳动力需求强烈，进城务工农民数量激增。由于没有适应城镇人口增长、城市规模扩张的土地要素配置机制，不少地区"简单"地通过占用耕地方式获取城市发展空间，导致了较为严重的耕地乱占现象，1990~1996年间，我国城市建成区面积增加较快，从1.29万平方公里增长到2.02万平方公里，同时期我国减少耕地面积累计达6572.4万亩，对我国粮食安全、农产品供给造成了较大威胁。

(二)第二阶段(1997~2007年)：占补平衡与增减挂钩

基于保障国家粮食安全，支撑城镇地区人口集聚、工业化发展，我国逐步实行了严格的耕地保护管理制度。需要说明的是，此阶段土地政策主要目标并不在于解决农民工城镇落户的土地供给问题，而是

调节城市规模扩张用地需求与保障粮食安全的矛盾，即并没有形成直接围绕农民工落户的土地政策，但对城市发展、农民工城镇落户形成了间接影响。

第一，实施耕地占补平衡政策。为保障国家粮食安全，确保不突破18亿亩耕地红线，1997年4月，国家印发《关于进一步加强土地管理、切实保护耕地的通知》，对土地利用影响深远的耕地占补平衡政策应运而生，直至今日该项政策仍在持续影响我国土地资源利用。为落实好耕地占补平衡政策，1999年2月，国土资源部发布《关于切实做好耕地占补平衡工作的通知》，提出"建设用地占一补一制度"。客观上，耕地占补平衡对缓解乱占耕地起到了一定作用，但亦存在较大漏洞：由于考核采取"算大账"方法，即按区域考核占补平衡，即某区域内当年减少多少耕地，就需要多出同样数量的新增耕地，而不是按每个项目逐一计算的方式进行考核，很多建设用地项目并没有实现法律所规定的占补平衡而只是达到表面上的平衡，产生了耕地实占虚补、补充耕地"狸猫换太子"质量问题以及农地"非农化"等问题。

第二，广泛实施耕地增减挂钩政策。2004年10月国务院印发《关于深化改革严格土地管理的决定》，明确提出"鼓励农村建设用地整理，城镇建设用地增加要与农村建设用地减少相挂钩"，标志着耕地增减挂钩政策形成。2006年8月，新的《耕地占补平衡考核办法》颁布施行，对耕地占补平衡操作办法做了进一步规范，并提出了耕地占补平衡的考核办法，这为耕地占补平衡有效实施提供了制度保障。为确保补充耕地数量和质量，2008年国土资源部进一步发文规定：自2009年起，除国家重大工程可暂缓外，非农占用耕地全面实行"先补后占"，即新增建设项目用地在审批前，必须先将足额耕地资源储备进行补充，并确定由用地单位出资、国土部门实施耕地开垦。自此,"先占后补"开始向"先补后占"转变。由于耕地的开垦整理需要一定周期,"先补后占"开启了耕地占补平衡指标化的进程,各地纷纷建立占补平衡指标储备库。随着后备耕地资源逐渐减少,部分地区补充耕地能力减弱,特别是经济发达地区实现耕地占补平衡较为困难,同时,这类地区也是产业集聚、人口集中、城镇扩张的重点区域,耕地增减挂钩政策在发达地区实践中遇到了瓶颈(表6-1)。

有关城镇发展、农民工落户的主要土地政策文件　　　　表6-1

文件	主要内容
1997年《关于进一步加强土地管理、切实保护耕地的通知》	必须保持耕地总量动态平衡,实行占用耕地与开发复垦挂钩的政策
1998年修订《土地管理法》	国家实行占用耕地补偿制度。非农业建设经批准占用耕地的,按照"占多少,垦多少"的原则,由占用耕地的单位负责开垦与所占用耕地的数量和质量相当的耕地;没有条件开垦或者开垦的耕地不符合要求的,应当按省、自治区、直辖市的规定缴纳耕地开垦费,专款用于开垦新的耕地
1999年国土资源部《关于切实做好耕地占补平衡工作的通知》	非农业建设经批准占用耕地的,要严格执行《土地管理法实施条例》第十六条规定,明确责任单位,按照"占多少,垦多少"的原则,由占用耕地的单位负责开垦与所占耕地数量和质量相当的耕地
2004年《关于深化改革严格土地管理的决定》	鼓励农村建设用地整理,城镇建设用地增加要与农村建设用地减少相挂钩
2005年《关于规范城镇建设用地增加与农村建设用地减少相挂钩试点工作的意见》	对天津、浙江、江苏、安徽、山东、湖北、广东、四川等地区的城乡建设用地增减挂钩试点工作进行规范
2006年《耕地占补平衡考核办法》	耕地占补平衡考核,以建设用地项目为单位进行,主要考核经依法批准的补充耕地方案确定的补充耕地的数量、质量和资金
2008年《关于进一步加强土地整理复垦开发工作的通知》	各地要抓紧扩大补充耕地储备规模,从2009年起,除国家重大工程可以暂缓外,非农建设占用耕地全面实行"先补后占"

续表

文件	主要内容
2008年《发展改革委关于2008年深化经济体制改革工作意见的通知》	推进城镇建设用地增加与农村建设用地减少相挂钩、城镇建设用地增加规模与吸纳农村人口定居规模相挂钩的试点工作
2010年《关于印发全国主体功能区规划的通知》	探索实行城乡之间人地挂钩的政策,城镇建设用地的增加规模要与吸纳农村人口进入城市定居的规模挂钩。探索实行地区之间人地挂钩的政策,城市化地区建设用地的增加规模要与吸纳外来人口定居的规模挂钩
2011年《关于支持河南省加快建设中原经济区的指导意见》	在严格执行土地利用总体规划和土地整治规划的基础上,探索开展城乡之间、地区之间人地挂钩政策试点,实行城镇建设用地增加规模与吸纳农村人口进入城市定居规模挂钩、城市化地区建设用地增加规模与吸纳外来人口进入城市定居规模挂钩,有效破解"三化"协调发展用地矛盾
2014年《国家新型城镇化规划（2014—2020年）》	探索实行城镇建设用地增加规模与吸纳农业转移人口落户数量挂钩政策
2016年《关于建立城镇建设用地增加规模同吸纳农业转移人口落户数量挂钩机制的实施意见》	城市吸纳农业人口落户数量与新增建设用地指标增加规模挂钩
2019年《2019年新型城镇化建设重点任务》	全面落实城镇建设用地增加规模与吸纳农业转移人口落户数量挂钩政策,在安排各地区城镇新增建设用地规模时,进一步增加上年度农业转移人口落户数量的权重,探索落户城镇的农村贫困人口在原籍宅基地复垦腾退的建设用地指标由输入地使用

（三）第三阶段（2008年至今）：人地挂钩与围绕农民工落户的土地政策出台

随着我国城镇化的持续发展,以人为本的城镇化理念逐渐深入人心,政策越来越关注农民工住房、就业、社保等。城市供地政策不仅仅要平衡城市发展与耕地保护的关系,也要保障进城农民工住房需求。基于此背景,人地挂钩政策出台,这也标志着真正意义上、直接围绕农民工落户的土地政策正式形成。

第一，人地挂钩的提出。为解决城镇化过程中耕地资源大量被侵占的问题，20世纪末期我国探索试行耕地占补平衡，2004年调整为耕地增减挂钩政策。耕地增减挂钩政策在保障耕地红线方面起到了一定作用，但是难以缓解土地城镇化快于人口城镇化，城镇土地粗放浪费以及东部发达地区后备耕地资源不足，城镇发展用地需求紧张等问题。2008年，我国开始探索人地挂钩改革（表6-2），通俗理解即人口迁移到哪里，就在迁入地增加相应建设用地指标。2010年，河南省率先开展人地挂钩试点工作，随着各地试点的逐渐铺开，人地挂钩成了城镇化发展进程中土地供应的重要准则。2014～2016年有关城镇化用地政策方面，均反复指出新增建设用地指标增加规模要与城市吸纳农业人口落户数量相挂钩。

第二，人地挂钩的完善。人地挂钩政策在执行层面上也存在许多问题：一是缺乏一套完整的人口流动监管平台，难以准确测算城市外来人口数量特别是吸纳农业转移人口数量，因而难以对应计算出城镇建设用地理应新增规模。二是人地挂钩政策的适用范围限定在省域内。"人地挂钩"政策更注重"指标挂钩"，而这种指标的流动、交易限制在省域内，还不能跨省流动，明显不适应我国东部省份吸纳中西部省份农业人口就业、居住、落户的客观事实。为解决土地要素跨区域流动制度藩篱，同时也为促进贫困地区脱贫攻坚，《2019年新型城镇化建设重点任务》提出深化"人地钱挂钩"，首次允许落户城镇的农村贫困人口在原籍宅基地复垦腾退的建设用地指标由输入地使用。这个规定在小范围内突破了人地挂钩政策的使用范围，虽然目前该政策执行面还较窄、指标交易数量还不多，但对完善农民工进城落户的土地供给具有标志性意义，对调动发达地区降低落户门槛、保障农民工进城落户土地供给意义重大。

增减挂钩与人地挂钩的比较　　　　　　表 6-2

类别	增减挂钩	人地挂钩
基本内涵	依据土地利用总体规划,将若干拟整理复垦为耕地的农村建设用地地块(即拆旧地块)和拟用于城镇建设的地块(即建新地块)等面积共同组成建新拆旧项目区(以下简称项目区),通过建新拆旧和土地整理复垦等措施,在保证项目区内各类土地面积平衡的基础上,最终实现增加耕地有效面积、提高耕地质量、节约集约利用建设用地、城乡用地布局更合理的目标	即"地随人走",人口到哪里,其所占用的建设用地面积就转移到哪里的一种用地模式,是城乡建设用地增减挂钩政策的延伸和拓展
出台背景	为了严格控制城乡建设用地规模,优化城乡建设用地结构和布局,促进土地节约集约,统筹城乡发展,探索既能保障经济社会发展用地需要,又能在城乡建设用地总规模不变的前提下,保护好耕地,为农业发展、生态建设留下足够空间	随着经济社会快速发展尤其是城镇化步伐的加快,针对土地城镇化快于人口城镇化,城镇土地粗放浪费问题。2008年起国家层面提出了人地挂钩的改革思路,并在全国主体功能区规划中把人地挂钩作为一项规划实施的政策措施
法律法规依据	2006年《耕地占补平衡考核办法》,2008年《城乡建设用地增减挂钩试点管理办法》,2010年《关于严格规范城乡建设用地增减挂钩试点切实做好农村土地整治工作的通知》等	国务院办公厅转发《发展改革委关于2008年深化经济体制改革工作意见的通知》、2011年《关于印发全国主体功能区规划的通知》等
适用范围	限定在县域范围内,采取建新拆旧和土地整理复垦的办法,通过拆旧区与建新区"一对一"的占补平衡,为县域经济发展提供用地指标的一种制度措施	人地挂钩打破了县域的行政界限,土地资源可以在省域内城乡之间、地区之间有偿配置,也可以在贫困地区和吸纳贫困人口落户的发达地区之间
实施操作	增减挂钩强调的是城镇建设用地与农村集体建设用地的挂钩,拆旧与建新是一一对应的,周转指标归还期为三年,拆旧区的经费来源于建新区中新增建设用地项目资金,建新区占用的耕地面积不得大于拆旧区复垦的耕地面积	人地挂钩不仅强调城镇建设用地与农村集体建设用地的挂钩,而且要求土地城镇化与人口城镇化协同推进,城镇化的人口与城镇建设用地增加、农村建设用地减少挂钩。它没有明确强调拆旧区与建新区的具体位置,而是依据定居城镇的人口规模来确定城镇建设用地增加规模,相应核减农村集体建设用地规模

二、区域视角下土地政策与农民工落户政策的主要矛盾

目前，我国正在完善"人地挂钩、地随人走"的土地政策，这对统筹推进乡村振兴和新型城镇化、全国区域层面优化配置土地资源具有重要意义。但是，从区域视角看，当前的土地政策与农民工进城落户的实际需要，还存在许多问题障碍。

（一）城市建设用地指标供给与区域差别化土地需求不匹配

城乡二元和政府垄断土地一级市场是我国土地供给制度的典型特征（蒋省三等，2007），当前我国人地挂钩政策并不完善，在城市建设用地指标供给中并不起主要作用更不起决定作用，建设用地指标控制和审批制仍然是土地指标供应的基本原则。城市建设用地供给制度不能适应农民工进城落户迁入地对土地需求结构的变化，主要表现在区域与时段之间的"两个脱节"。

首先是区域间的土地供需脱节。从农业转移人口迁入地看，这部分地区是我国经济较为发达区域，随着这些地区产业资源与人口的持续集聚，经济社会发展对土地资源的刚性需求持续增长，其增长速度主要受市场因素影响，然而城市建设用地供给既受指标控制、也受审批制度影响，这种"一快一慢"的矛盾导致实际用地需求远远超过计划下达指标，明显不适应市场环境的变化，导致土地供需矛盾不断加剧。当前，我国东部沿海吸纳外来人口较多、经济发展活力较足的城市普遍存在建设用地不足的问题，许多城市实际建设用地规模已超出了国家规划用地指标，部分城市市政基础设施项目与产业发展项目建设用地指标严重不足，用于支持农民工进城落户的保障性住房用地指标被严重挤占。从农业转移人口迁出地看，这部分地区主要是我国经济欠发达地区，区域土地粗放利用问题较为严重。由于大量土地利用

行政划拨和协议出让，叠加人地挂钩政策的不完善，造成各地区城市化发展与人口集聚不匹配，部分地区的城镇规模与布局脱离了人口资源禀赋，新增建设用地的人口城市化效应却呈下降趋势（李翔等，2009），甚至有的地区产生了"有城无人"、新城"空城化"等怪异现象，与农业转移人口迁入地相比呈现出城市人口密度两极分化（杜春萌等，2018）。

其次是时序间的土地供需脱节。近年来，我国户籍制度改革加快，许多城市加快取消或降低落户门槛，一些热门城市短时间内落户人口快速增加，用地需求极有可能在短时间内出现爆发式增长和逐渐饱和两个极端。反观城市供地制度，受指标控制和用地审批制度的影响，主要城市基本上实行的还是规划期内平均分配机制，人地挂钩政策难以适应短期内市场变化，难以依循不同时序的需求，做到按需定供。

（二）农村土地管理制度设计与人口城镇化区域分化特征不适应

系统性改革是人地挂钩政策实现的关键，既需要为人口迁入的城市增加供地指标，也需要人口迁出的农村地区退出相应的建设用地指标，其中，农村迁出人口的相关建设用地合理、有序退出是最大短板。中华人民共和国成立以来，我国逐步形成了较为成熟的农村宅基地制度，保障了农村居民"住有所居"，但是在城镇化发展大形势下，这种以保障农村居民居住公平为目的的制度设计遭遇了现实诸多挑战。

首先，农村地区普遍出现人口迁出但建设用地面积增加现象即"人走地增"。过去很长一段时期内，我国农村宅基地实行福利性分配，即农村居民获取宅基地没有成本，使用宅基地更加没有成本，滋生了农民随意侵占宅基地、私自建房和占用耕地等不良现象。另一方面，受农村宅基地获取、使用监管不严，农民建房大量存在"建新不拆旧",即使举家进城的农民也没有放弃农村宅基地,导致"一户多宅"、面积超标、宅基地闲置等现象普遍存在。据自然资源部和国家统计局数据显示,2009~2016年间我国乡村人口减少近1亿人,但是农村居民点用地面积反而增加超1000万亩(图6-1)。

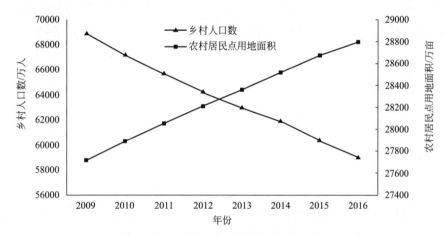

图6-1 2009~2016年我国乡村人口数与农村居民点用地面积
数据来源:国家统计局官网和自然资源部官网。

其次,农村闲置宅基地转为农民工进城落户用地需求通道不畅。近年来,我国推进宅基地"三权分置",但总体持"审慎"态度。2019年4月,中共中央、国务院发布《关于建立健全城乡融合发展体制机制和政策体系的意见》(以下简称《意见》),提出"稳慎改革农村宅基地制度",宅基地改革权限并没有有效下放,多数地区没有建立起农村宅基地有偿退出机制;同时,许多地区宅基地使用权流转被限定在村社范围内,宅基地使用权流转范围有限,直接加剧了农村地区建设用地的闲置浪费。据中国社会科学院测算,我国农村居民点空闲和闲置用地面积高达3000万亩(魏后凯等,2017)。然而,这些闲置资源无法成为农民工进城落户区域住房用地来源。

一是农村闲置宅基地转为集体经营性建设用地难落地。虽然2019年4月中共中央、国务院发布的《意见》允许闲置宅基地转为集体经营性建设用地，并通过入市盘活农村闲置土地、增加农民财产性收入，但是由于宅基地有偿退出的相关制度或政策措施不明确，受土地"财富幻想"影响，农民普遍不愿意退出宅基地，可有偿收回的闲置宅基地规模还很小；同时，落地细则不足，闲置宅基地转为集体经营性建设用地方面的探索与实践还很少，仅在少数地区有过零星的探索，既缺少操作的规则，又缺少可参照的范本。

二是集体经营性建设用地用于保障农民落户住房需求通道不畅。即便是农村宅基地能顺利转为集体经营性建设用地，农村集体经营性建设用地入市全面放开，但目前政策并没有完全允许集体经营性建设用地入市用于住房建设。过去较长时期，我国城市住宅建设禁止使用集体用地，集体经营性建设用地必须通过征收国有的方式才能成为城市住宅用地来源。随着大量农村人口向城市聚集，城市居住成本快速上升，临近城市地区的农村集体经营性建设用地隐形价值随城市发展逐渐提升，受利益驱使，依托农村集体经营性建设用地集资建房现象大量涌现，即"小产权房"法外现象。随着超大、特大城市住房问题日益紧张，为节约集约利用集体土地，增加城市租赁住房土地指标供应，2017年我国允许部分城市开展利用集体建设用地建设租赁住房试点，但是试点范围局限在北京、上海、广州、杭州、成都等部分城市，同时，囿于小产权房"转正"的问题，试点推进节奏较慢、范围较窄。

三是建设用地指标跨省流动存在较大障碍。为优化配置建设用地，我国允许建设用地指标省域流转交易，但是较长时期内严禁指标跨省流转交易；2018年3月，国务院办公厅印发《城乡建设用地增减挂钩节余指标跨省域调剂管理办法》（以下简称《办法》），建设用地指标跨省流动迈出了重要一步，即国家首次允许深度贫困地区节余指标跨省调剂，但是仍然存在两个明显的制度缺憾。一方面，能交易指标数量有限，参与跨省交易的仅限于城乡建设用地增减挂钩节余指标，并不是所有的建设用地都可以跨省域交易；另一方面，指标跨省交易范围较窄，限定在"三区三州"及其他深度贫困县与北京、上海、天津、江苏、浙江、广东、福建、山东等8个对口帮扶省份之间，并且交易尚未实现完全市场化，由相关管理部门依照计划指标数进行交易，买卖双方不能实现完全自由交换。

最后，农村土地管理制度与人口城镇化趋势的"不同步"，直接产生了两方面的负面作用。一是城乡土地要素错配，农村土地资源大量闲置、城市用地严重紧缺；二是制约户籍人口城镇化率提升，近些年来我国户籍制度改革速度已经超预期，落户"门槛"越来越低，但户籍人口城镇化率提升比例却呈下降趋势，农民不愿落户城镇，与城镇户籍"含金量"下降有关，关键还在于农民土地权益退出通道还不畅通，"地"的流转与"人"的流动尚未充分匹配。

（三）土地政策与区域内其他政策不协调

土地政策实施过程中受区域其他政策的作用与干扰越来越大，因而非常有必要建立与土地政策相配套的其他政策，形成多种政策相容的政策组合，发挥好政策合力效应。遗憾的是，我国土地政策系统性还不强，"单兵突进"式的政策还较多，土地政策实施过程中与货币政策、财政税收、城乡规划、产业政策、社会保障等还存在许多不协调的地方。例如，农民土地权益退出与迁入地社会保障如何衔接，集体经营性建设用地入市与区域产业政策如何配套等，诸如此类的政策联动不够、协调性不足。

三、区域差别化视角下农民工落户的土地政策设计及建议

"十四五"时期,伴随我国全面建成小康社会,我国乡村振兴发展将进入新的发展阶段,人口城镇化也将迈入质量提升的新阶段。为此,基于以人为核心的新型城镇化理念,立足工农互促、城乡互补、协调发展、共同繁荣的新型工农城乡关系视角,农民工进城落户的土地政策设计,既要沿袭人地挂钩的政策理念,又要充分考虑区域差别化特征。按照问题导向和目标导向相结合的原则,本书提出区域差别化的土地政策,可简略概括为"划分四类地区、聚焦三种交易方式、打通两个通道、配套四项机制"(图6-2)。

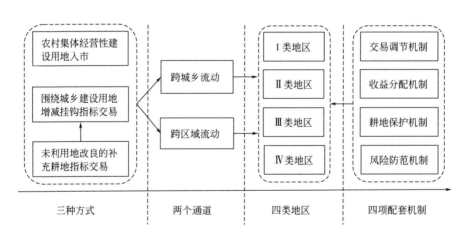

图6-2 区域差别化土地政策设计机制示意图

(一)划分四类地区

针对土地政策普适性与区域发展差异性的矛盾,围绕农民工流入的区域特征,为深入促进农民工进城落户,需要分区域差别化制定土

地政策。根据第二章的划分思路，即在尊重农业转移人口落户意愿基础上，以农业转移人口规模和跨省农业转移人口比重衡量"城市落户压力"，以"城市落户压力"为主要依据，充分考虑城市经济和人口承载能力和功能定位，将我国336个地级及以上空间单位划分为四种类型地区，具体如下：

Ⅰ类地区，主要包括北京、上海、深圳、广州4个城市。2015年，这四个城市的农民工占全国的13.76%，其中省内农民工和跨省农民工分别占全国的4.45%和27.91%；

Ⅱ类地区，主要包括除Ⅰ类地区之外的珠三角、长三角、闽东南地区主要城市，共计28个城市。2015年其农民工占全国的25.46%，其中省内农民工和跨省农民工分别占全国的13.03%和44.35%；

Ⅲ类地区，主要包括除Ⅰ、Ⅱ类地区之外的其他直辖市、省会城市及副省级城市，共计27个城市。2015年其农民工占全国的20.05%，其中省内农民工和跨省农民工分别占全国的24.23%和13.71%；

Ⅳ类地区，指其余地级市单元，共计277个地级单元。2015年其农民工占全国的40.73%，其中省内农民工和跨省农民工分别占全国的58.29%和14.02%。

(二) 聚焦"三种交易方式"

通过耕地征收获取城市发展用地空间，是过去城市扩张的主要方式。2015年1月，中央办公厅、国务院办公厅印发《关于农村土地征收、集体经营性建设用地入市、宅基地制度改革试点工作的意见》，明确提出要严格缩小耕地征收范围，特别是为保障国家耕地安全，严守18亿亩耕地红线，城市发展要满足农民工进城落户住房需求的土地供给，很难再通过征用耕地的方式获得。这里认为，要聚焦"三种交易方式",充分做好制度"挖潜"工作。

围绕农村集体经营性建设用地入市,Ⅰ类、Ⅱ类和Ⅲ类地区要探索盘活农村集体建设用地、建设适宜农民工的租赁住房。从政策脉络看,农村集体经营性建设用地用于租赁住房建设、保障农民工进城落户的制度通道正在逐渐拓宽(表6-3)。为此,要加快推进集体建设用地进入城市一级土地开发市场,总结现有集体建设用地建设租赁住房试点经验,扩大试点城市范围,特别是建议优先在Ⅰ类地区、Ⅱ类地区扩大试点城市范围,以增加住房供地方式缓解农民工城市落户住房压力,并辅之以完善租购并举的住房制度。

农村集体经营性建设用地入市主要政策脉络　　表6-3

年份	文件	内容
2015年	中共中央办公厅、国务院办公厅《关于农村土地征收、集体经营性建设用地入市、宅基地制度改革试点工作的意见》	部分县市试点农村集体经营性建设用地入市
2017年	原国土资源部、住房城乡建设部《利用集体建设用地建设租赁住房试点方案》	在北京、上海、广州、杭州、成都等13个城市探索开展利用集体建设用地建设租赁住房试点
2019年	自然资源部办公厅、住房城乡建设部办公厅《关于福州等5个城市利用集体建设用地建设租赁住房试点实施方案意见的函》	福州、南昌、青岛、海口、贵阳等5个城市获批探索开展利用集体建设用地建设租赁住房试点,试点城市扩容到18个
2019年	中共中央、国务院《关于建立健全城乡融合发展体制机制和政策体系的意见》	全面放开农村集体经营性建设用地入市
2020年	新《土地管理法》	明确提出允许农村集体经营性建设用地上市

围绕城乡建设用地增减挂钩指标交易,加大指标倾斜保障农民工流入地区住房用地需求。大量的实践证明,城乡建设用地增减挂钩是优化城乡土地资源的有效政策工具。保障农民工城镇落户住房需求,

要持续发挥好城乡建设用地增减挂钩政策作用，特别是在指标上加大对Ⅰ类、Ⅱ类地区的倾斜，鼓励这些地区依托城乡建设用地增减挂钩机制，通过购买更多补充耕地指标获得城镇建设用地，建设更多适宜农民工进城落户需求的住房产品。

围绕盐碱地等未利用地改良的补充耕地指标交易，扩大耕地来源缓解重点城市住房用地需求。我国各类盐碱地面积总计9913.3万公顷，相当于全国耕地总面积的74%，是国家重要的后备耕地资源，当前不少地区开展了盐碱地改良耕地试验，取得了较好成效。同时，我国盐碱地主要分布在新疆、青海、甘肃等西北地区和松嫩平原、辽西盆地等东北地区，这些地区人口密度较小，也是农民工流出的主要区域。在保障国家粮食安全的前提下，为缓解Ⅰ类、Ⅱ类地区城市住房供地来源压力，顺应人口流动趋势，建立人地挂钩的要素联动机制，建议实施盐碱地改良国家级工程，增加补充耕地指标。盐碱地改良要充分发挥市场的作用，建议出台社会资本参与盐碱地改良、增加耕地指标的政策细则，明确社会资本的具体对象（是否含外资）、参与方式和奖励办法。运用城乡建设用地增减挂钩机制，扩大农民工迁入地建设用地来源。

专栏6-1 盐碱地改良新增耕地指标典型案例

盐碱地是一种重要的后备土地资源，在我国约5亿亩的盐碱地中，有2亿亩可以被改造和利用。盐碱地改良不但能够增加农民收入、改善农民生活，更对保障国家粮食安全、坚守18亿亩耕地红线具有重要意义。

通过对重度盐碱化土壤的特殊理化性质研究，结合盐碱土壤分布区

续表

域气候条件、地势地貌等特点，中国农业大学胡树文团队研发出了一套包括土壤改良剂、种子处理剂等一系列盐碱地综合改良技术。技术涵盖土地整治、土壤改良、种植管理、土壤培育等方面的内容，主要操作规程包括土壤诊断、沟渠设计、土地平整、洗盐排盐、秧苗抗逆和水肥管理等步骤。

2016年，中国农业大学胡树文团队在吉林通榆、大安、镇赉和黑龙江林甸建立了盐碱废弃荒地高效生态改良示范方。这些区域是我国一片极具代表性的重度盐渍化区，这些示范区域pH值均在10.5以上、含盐量5‰以上、碱化度均在35%以上，可以说是土壤性质恶劣，结构性极差。

通过技术改良，吉林通榆县1000亩示范田，改良处理水稻产量为643公斤/亩，是农民传统种植产量的3倍；大安市500亩示范田改良处理水稻产量为561.3公斤/亩，产量约为对照处理的4倍；镇赉县75亩示范方改良处理水稻产量为584.5公斤/亩，增产幅度为363.5%。

资料来源：《盐碱地改良：不毛之地变成高产田》，刊于2017年9月《农民日报》。

（三）打通"两个通道"

大量的研究指出，我国城市地区建设用地供给不足的症结不是要素总量不足，而是结构不优，即没有打通土地要素流动通道，闲置的土地要素不能流向需求旺盛的地区（孔祥智、周振，2020）。为保障农民工流入地区住房用地，建议加快打通要素流动的城乡与区域两个通道，特别是土地要素跨区域流动的制度通道。

首先，拓宽土地要素跨城乡流动通道。当前，农村土地要素跨城乡流动的制度通道已开启，政策的方向是要在落实上下功夫。建议中央政府积极总结与推广先行地区典型经验，引导地方政府制定出台相关操作细则，强化农村集体经营性建设用地产权功能，特别是完善农村集体经营性建设用地的交易、抵押、收益、处置等产权权能。加快出台农村闲置宅基地转为农村集体经营性建设用地的实施办法指引，允许各地区围绕实施办法指引因地制宜制订具体操作办法。尤其是，鼓励Ⅳ类地区适时通过村庄整治、闲置宅基地和建设用地整理调整优化村庄用地布局，以及建立农村宅基地退出机制，推动建设用地指标通过流转上市，充实城市人口住房用地来源。

其次，打通土地要素跨区域流动通道。这是制定农民工进城落户差别化土地政策的重点内容。长期以来，土地要素被禁止跨区域流动，特别是跨省域流动，各地区城乡建设用地增减挂钩也都被限定在省域范围内，这显然不适应农民工跨省流动的现实，也不符合"地随人走"的政策导向。建议重点从两个方面打通要素跨区域流动通道。

一是"增规模""扩范围"。探索建设用地增减挂钩跨区域流动范围从节余指标向全部农村集体建设用地拓展，增加可跨区域流动建设用地的数量规模；扩大指标跨省域流转范围，从原深度贫困县、"三区三州"与对口帮扶省份之间，向更大范围拓展，直至实现全国范围内自由流动。不过，考虑到不同区域土地价值差别大，为防止土地"溢价"导致的市场紊乱风险，建议秉承循序渐进原则，优先在人口净流出城市较多区域与吸纳农民工进城落户数量较多城市间实现指标跨区域交易，即优先在Ⅰ类与Ⅳ类地区推动集体建设用地跨区域流动，并探索建立市场化交易机制，配套建立交易提取土地增值税机制，专项用于农民工在迁入地的社会保障支出。

专栏6-2　湄潭县分割宅基地登记为集体经营性建设用地经验

随着近年来新农村建设和旅游业的快速发展，贵州省湄潭县普遍存在将多余的宅基地用于经营农家乐、乡村宾馆、商铺、茶叶加工房等，形成了事实存在的集体经营性建设用地，主要集中在各镇（办）集镇和县城周边茶产业较为集中的村（居）。湄潭县农村修建的黔北民居以两层楼为主，多数村民自己一家居住二楼，把一楼闲置的房屋出租或自己经营农家乐，开乡村宾馆，有的干脆将剩余部分私下出售用于经营活动。顺应农村宅基地使用时间长，结合湄潭县作为全国农村土地改革试点县的契机，湄潭县制定了《湄潭县综合类集体建设用地分割登记入市工作方案》（湄党办发〔2017〕76号），开展了"综合类集体建设用地分割登记入市模式"的探索。

综合类集体经营性建设用地分割登记入市是在居住条件有保障（人均达到35平方米）的前提下，经村股份经济合作社同意，镇人民政府审查，规划、国土部门审核报县人民政府审批，经中介机构价值评估后，原使用权人需要向村集体缴纳土地出让金，即评估价的30%；分割登记宅基地中用于工矿仓储、商服等经营性用途部分，赋予宅基地完整权能，特别是落实宅基地出让、出租、入股、抵押、担保的产权功能。综合类集体经营性建设用地分割登记入市实际上就是将农村宅基地转变为集体经营性建设用地进行入市。2017年10月，全国第一例宅基地分割登记为集体经营性建设用地案例在湄潭诞生。

续表

> 资料来源：陶通艾、王家乾：《湄潭成功分割全国首例宅基地登记为集体经营性建设用地》，多彩贵州网，http://gzmt.gog.cn/system/2017/12/27/016317024.shtml，2017年12月27日。

二是做好补充耕地指标跨区域流动文章。优先引导Ⅰ类、Ⅱ类地区向盐碱地地区购买耕地指标，增加城市保障性住房用地来源，满足农民工进城落户住房需求。特别是，大力鼓励社会资本参与土地整治项目，探索社会资本参与补充耕地指标交易的合规程序，开展民营企业自主立项、政府和社会资本合作（PPP）、民营企业与地方国有平台公司合作等方式的试点，形成可复制、可推广的程序和模式。（表6-4）

不同区域差别化的土地政策　　表6-4

类型	农村集体经营性建设用地入市	城乡建设用地增减挂钩指标交易	盐碱地等未利用地改良的补充耕地指标交易
Ⅰ类地区	1. 推进农村集体经营性建设用地入市，依托农村集体建设用地建设租赁住房； 2. 探索闲置宅基地转为农村集体经营性建设用地的路径； 3. 探索农民宅基地有偿退出机制	通过城乡建设用地增减挂钩节余指标交易方式，加大购买补充耕地指标倾斜，重点鼓励通过跨省域购买补充耕地指标，增加城市发展建设用地规模	通过城乡建设用地增减挂钩节余指标交易方式，优先鼓励与引导购买补充耕地指标，依照耕地占补平衡管理办法，增加城市发展建设用地规模
Ⅱ类地区	1. 推进农村集体经营性建设用地入市，依托农村集体建设用地建设租赁住房； 2. 探索闲置宅基地转为农村集体经营性建设用地的路径； 3. 探索农民宅基地有偿退出机制	通过城乡建设用地增减挂钩节余指标交易方式，加大购买补充耕地指标倾斜，按照跨省域与省内跨地市相结合，购买补充耕地指标，增加城市发展建设用地规模	通过城乡建设用地增减挂钩节余指标交易方式，鼓励与引导购买补充耕地指标，依照耕地占补平衡管理办法，增加城市发展建设用地规模

续表

类型	农村集体经营性建设用地入市	城乡建设用地增减挂钩指标交易	盐碱地等未利用地改良的补充耕地指标交易
Ⅲ类地区	1. 探索闲置宅基地转为农村集体经营性建设用地的路径； 2. 探索农民宅基地有偿退出机制	通过城乡建设用地增减挂钩节余指标交易方式，重点鼓励按照省内跨地市的方式，鼓励购买补充耕地指标，增加城市发展建设用地规模	—
Ⅳ类地区	1. 探索闲置宅基地转为农村集体经营性建设用地的路径； 2. 探索农民宅基地有偿退出机制； 3. 依托城乡建设用地增减挂钩指标交易机制，推动农村集体经营性建设用地复垦的补充耕地指标跨区域交易	通过村庄整治、闲置宅基地和建设用地整理调整，引导建设用地指标流转上市。 1）指标拓展，推动可流转上市指标从节余建设用地指标向全部建设用地指标逐步拓展； 2）范围扩围，建设用地指标交易范围从"三区三州"及其他深度贫困县地区扩大到Ⅳ类地区全域	鼓励与引导社会资本参与盐碱地等未利用地改良、增加补充耕地指标，按照耕地占补平衡管理办法，参照城乡建设用地增减挂钩节余指标交易方式，推动补充耕地指标跨区域特别是跨省域流转交易

（四）配套四项机制

为实现土地资源全国优化配置，特别是兼顾国家粮食安全底线，与区域其他政策相协调，建立健全农民工进城落户土地政策体系，亟需配套建立健全交易调节、收益分配、耕地保护、风险防范等多项保障机制。

首先是交易调节机制。考虑到若完全放开集体经营性建设用地与新增耕地指标跨区域流动，部分地区的土地资产会产生明显的价格溢出效应，可能会引发土地跨区域的投机交易行为，扰乱土地指标交易市场。针对这个问题，当前城乡建设用地增减挂钩节余指标跨省域交易的部分经验值得借鉴，即由中央政府主导建立全国土地指标交易平台，优先在Ⅰ类、Ⅱ类与Ⅳ类地区建立城乡建设用地指标交易和补充耕地指标交易机制，根据Ⅰ类、Ⅱ类与Ⅳ类地区建设用地需求，明确每年可交易指标数量与指标交易的参考价格。在交易指标分配上，对吸纳农民工进城落户人口较多的城市，采取指标优先倾斜的分配方式。待Ⅰ类、Ⅱ类与Ⅳ类地区土地指标交易机制健全后，逐步向全国范围内推行。

其次是收益分配机制。本书提出要聚焦农村集体经营性建设用地、城乡建设用地增减挂钩、盐碱地等未利用地"三块地"，推动土地要素跨城乡、跨区域流动，这涉及多个利益相关主体，因此健全收益分配机制是题中之义。围绕农村集体经营性建设用地入市，重点是确定不同区域、不同用途入市的土地增值收益调节金征收比例，依据新《土地管理法》和新修订的相关税法，适时调整征收入市土地增值税、契税，结合当前中央提出的土地出让收入50%用于乡村振兴的指示精神，加快明确土地增值收益调节金或相关税收返还用于乡村振兴的实施办法。围绕城乡建设用地增减挂钩指标跨省域流动，既要保障指标流出方地方政府收益，更要保障农村集体经济组织与农民收入。围绕盐碱地等未利用地改良的补充耕地指标跨区域流动，重点是明确社会资本参与未利用地改造耕地并获得补充耕地指标交易资金的奖补比例、奖补资金的使用范围等内容，以及指标交易的交易税费情况（表6-5）。

若干地区农村集体经营性建设用地入市收益分配一览表 表6-5

试点地区	入市主体
浙江德清县	1. 出让人缴纳调节金。其中，若入市土地位于县城规划区范围内的，工矿仓储类用地按成交地价总额的24%缴纳，商服类用地按成交地价总额的48%缴纳；若入市土地位于乡镇规划区范围内的，工矿仓储类用地按成交地价总额的20%缴纳，商服类用地按成交地价总额的40%缴纳。 2. 集体经营性建设用地入市收益作为集体积累，列入集体公积公益金。集体经营性建设用地以作价出资（入股）方式入市的，明确采取"固定收益+分红"方式获取投资收益，在扣除必要的投资费用后，应将不少于30%的再收益按股份分红，其余可维持村级组织日常运行

续表

试点地区	入市主体
贵州湄潭县	1. 在国家入市土地收益分配实施细则出台之前，湄潭县明确按照土地成交总价款的12%收取土地增值收益调节金。国家公布土地增值收益调节金征收使用管理细则后，湄潭县将入市土地增值收益调节金的征收基数调整为增值收益部分（扣除取得成本和土地开发成本后的净收益），工业用地按增值收益的20%缴纳收益调节金、综合用地按增值收益的22%缴纳收益调节金、商服用地按增值收益的25%缴纳收益调节金。 2. 集体经济组织公积金的比例不得少于20%，公益金不得高于10%，公积金和公益金总额不得超过50%，集体经济组织成员分配比例不得少于净收益的50%
辽宁海城市	对工矿仓储类用地以出让方式首次入市取得的土地增值收益，政府原则按30%比例提取土地增值收益调节金，其余70%用于村集体和农民个人收益；对工矿仓储类用地以租赁、作价出资（入股）方式首次入市取得的土地增值收益，政府原则按10%比例提取土地增值收益调节金，其余90%用于村集体和农民个人收益。对商服类用地以出让方式首次入市取得的土地增值收益，政府原则按40%比例提取土地增值收益调节金，其余60%用于村集体和农民个人收益；对商服类用地以租赁、作价出资（入股）方式首次入市取得的土地增值收益，政府原则按20%比例提取土地增值收益调节金，其余80%用于村集体和农民个人收益
北京大兴区	1. 土地增值收益调节金为土地交易总额的8%～30%； 2. 土地入市收益去除成本外，主要用于村集体项目发展，项目收益对村集体经济组织成员分红
四川郫县	1. 以土地收入的3%缴纳增值收益调节金； 2. 以"二八开"作为村民与集体之间的收益分配指导原则，将不低于入市收益的80%作为集体经济组织的公积金和公益金，规定不得投资股市、民间借贷等高风险业务，剩下部分用于集体经济组织成员分红

资料来源：作者根据公开资料整理。

再次是耕地保护机制。推动土地要素跨区域、跨城乡流动，主要依赖城乡建设用地增减挂钩机制，为防止出现"狸猫换太子"，造成耕地质量下降等问题，有必要建立耕地保护机制。建议在城乡建设用地增减挂钩、补充耕地指标交易的县级留成资金分配中，探索由政府一方或政府和企业共同出资设立耕地保护基金，采取政府购买管护服务等方式,构建集体建设用地、盐碱地等未利用地改良后的耕地长效管护机制,专项用于耕地质量提升。

最后是风险防范机制。土地要素供给不仅关系着农民工城镇落户,更关系着国家粮食安全,因此在推进土地要素跨城乡、跨区域流动过程中,要注重建立风险防范机制。要按照"先试点、后推广"的思路,如优先满足Ⅰ类、Ⅱ类地区土地要素供给,优先推动Ⅳ类地区土地要素跨区域流转,待形成一定经验后,再行推开。此外,要配套建立起全国统一的土地调控监测和预测数字系统,对各地区存量土地数据进行统计,对土地市场交易的规模、价格等进行常态化监测和预警,前瞻性研究、预警风险,储备好风险防范政策工具。(图6-3)

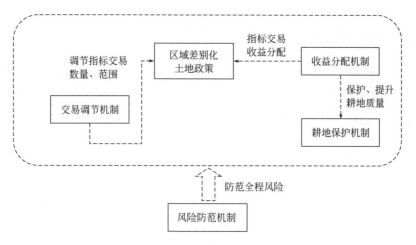

图6-3 四项配套机制相互关系示意图

注:围绕区域差别化土地政策构建,特别是建立"人地挂钩、地随人走"的土地政策,交易调节机制用于调节土地指标交易的数量和跨区域范围,保障土地指标交易市场有序;收益分配机制是实现"地随人走"的根本动力,健全的收益分配机制能促进土地要素优化配置;耕地保护机制有助于保障耕地红线,平衡城市发展和耕地保护的关系,是深化人地挂钩的关键;风险防范机制是重要保障,用于防范风险,保障指标跨区域正常流转。

参考文献

1. 陈双庆. 浅谈盐碱地生态改造原则[J]. 中国农村科技, 2018 (11): 16-18.

2. 杜春萌, 焦利民, 许刚. 中国地级以上城市建成区2006—2016年人口密度变化的时空格局及驱动因素[J]. 热带地理, 2018, 38 (6): 791-798.

3. 高海. 论农民进城落户后集体土地"三权"退出[J]. 中国法学, 2020 (2): 30-47.

4. 胡新艳, 罗明忠, 张彤. 权能拓展、交易赋权与适度管制: 中国农村宅基地制度的回顾与展望[J]. 农业经济问题, 2019 (2): 73-81.

5. 黄江泉, 李晓敏. 农民工进城落户的现实困境及政策选择: 一个人力资本分析视角[J]. 经济学家, 2014 (5): 87-96.

6. 蒋省三, 刘守英, 李青. 土地制度改革与国民经济成长[J]. 管理世界, 2007 (9): 1-9.

7. 金励. 城乡一体化背景下进城落户农民土地权益保障研究[J]. 农业经济问题, 2017, 38 (11): 48-59.

8. 金细簪, 周家乐, 储炜玮. 三权改革背景下土地权益与农民永久性迁移分析: 来自浙江4个县市4个行政村的实证[J]. 人口学刊, 2019 (5): 101-112.

9. 孔祥智, 周振. 我国农村要素市场化配置改革历程、基本经验与深化路径[J]. 改革, 2020 (7): 27-38.

10. 李练军. 新生代农民工市民化政策满意度及影响因素[J]. 华南农业大学学报: 社会科学版, 2016, v. 15; No. 55 (03): 47-53.

11. 李翔, 山世英, 郑培亮, 沈子龙. 近年来中国土地政策调控效果评价[J]. 中国土地科学, 2009, 23 (4): 18-22.

12. 吕效华. 中部地区跨省流动新生代农民工"市民化地"选择与本地区工业化、城镇化的逻辑关系[J]. 中国青年研究, 2015 (5): 66-70.

13. 马晓河, 胡拥军. 一亿农业转移人口市民化的难题研究[J]. 农业经济问题, 2018 (4): 4-14.

14. 欧阳慧, 胡杰成, 刘保奎, 邹一南. 如何增强农民工在城镇的落户意愿?: 基于对农民工分区域分群体的调查[J]. 城市发展研究, 2019.

15. 欧阳慧, 张燕, 滕飞, 邹一南. 农民工群体差别化落户思路与政策研究简[J]. 宏观经济研究，2018（2）：158-167.

16. 欧阳慧，邹一南. 分区域分群体推进农民工差别化落户城镇[J]. 中国软科学，2017（3）：71-78.

17. 魏后凯，闫坤，谭秋成. 中国农村发展报告2017：以全面深化改革激发农村发展新动能[M]. 北京：中国社会科学出版社，2017.

18. 魏义方，顾严. 农业转移人口市民化：为何地方政府不积极：基于农民工落户城镇的成本收益分析[J]. 宏观经济研究，2017，8（225）：111-122.

19. 肖璐，蒋芮. 农民工城市落户\"意愿—行为\"转化路径及其机理研究[J]. 人口与经济，2018（6）：89-100.

20. 谢娅婷，张勃. 农民工的就业质量与城镇落户意愿研究：基于代际差异的视角[J]. 河南社会科学，2020，221（9）：112-118.

21. 章洵，陈宁，石人炳. 就业质量对农民工城市落户意愿影响及其代际差异[J]. 湖南农业大学学报：社会科学版，2018，19（1）：61-66.

第七章　区域差别化梯次推进农民工落户城镇的住房政策

城市住房不仅仅是一种物质资本，它也影响着农民工的身体健康、子女教育、城市归属感和幸福感等诸多方面。有研究认为，农民工住房问题对农民工融入城市发挥着决定性作用，是中国实质城市化的最大障碍。我国地域辽阔，区域间住房市场与农民工分布特点差异明显。从区域差异角度研究农民工住房问题并设计差别化的住房政策，成为解决进城农民工住房问题的现实选择。本章基于2016年和2020年农民工落户意愿专项问卷调查，从区域差异角度分析农民工居住状况及影响因素，结合当前解决农民工住房问题的主要政策壁垒，提出梯次推进农民工落户的区域差别化住房政策设计思路与措施建议。

一、农民工城镇住房的总体状况

（一）当前农民工居住条件较差，保障性住房覆盖面极低

1. 农民工住房配套设施仍不完善，集聚区人居环境有待提升

虽然农民工居住条件近年来不断改善，但总体上与安全、清洁、便利、可支付等目标仍有一定差距。主要表现在以下几方面：

一是人均住房面积相对较小，设施配备仍不完善。2019年，进城

农民工人均居住面积为20.4平方米[①]，仅为城镇居民人均住房面积平均水平的一半左右，超大和特大城市的农民工住房更为局促，农民工人均居住面积仅为16.5平方米，甚至低于北京24.7平方米的平均水平。同时，47.8%的农民工住房中没有取暖设施，仅11.6%的农民工住房中有集中供暖设施，缺乏洗澡设施、电冰箱、洗衣机的农民工住房占比分别为16.3%、34.3%和33.9%。住房设施缺乏的问题在外来农民工集聚重点城市中更为突出。以北京市为例，2019年，新生代和老一代农民工仅分别有60.7%和54.3%的农民工住房配备卫生间，仅分别有57.5%和63.2%的住房配备厨房。

二是租房和单位集体宿舍是农民工最主要的两大居住方式，居住稳定性较低。2020年调查显示，34.7%的进城农民工选择租房居住，位列各类居住方式中首位；单位提供的集体宿舍解决了25.3%的进城农民工基本住房需求，是进城农民工的第二大居住选择。

三是农民工集聚区人居环境依然较差。调研发现，城市旧城、老旧小区及城中村既是农民工居住的主要集聚区，往往也是城市治理的难点地区，普遍缺乏完善的基础设施和公共服务配套，呈现出土地利用效率低、产业技术水平低、居民收入低、犯罪率高、违法建设比例高等"三低两高"突出问题。以广州为例，部分数千人的城中村往往只有一两处宽度仅为7米的对外联系道路，村内部道路多以房屋间距作为步道，大多只有2～4米宽，严重不符合道路交通和消防安全要求。

2. 农民工保障性住房覆盖面极低，保障性住房政策宣传不足

从居住方式看，调查显示，2020年仅有1.1%的农民工居住在政府

---

① 国家统计局《2019年农民工监测调查报告》。

公租房中；从保障性住房申请情况看，2020年虽然有16.6%的农民工月收入不足2500元，但申请保障性住房的农民工比例仅为7%，其中仅有1.6%的农民工申请成功，明显低于城镇户籍人口保障性住房22%的覆盖面；同时，仅有9.2%的低收入农民工申请保障性住房，仅有1.6%申请成功。

农民工对保障性住房政策缺乏了解。调查显示，93%的农民工没有申请保障性住房，其中，20.3%的农民工因为不符合条件未申请保障性住房，72.7%的农民工表示不了解有关政策规定。在农民工低收入重点群体中，68.8%的受访者因不了解相关政策而未提交保障性住房申请。

（二）拥有城镇稳定住房是农民工全面融入城镇的关键因素

1. 农民工在城镇安居意愿明显高于落户意愿

当前，超过四成农民工计划在城镇长期定居[①]，愿意定居的农民工比重高于愿意落户的农民工比重23.8个百分点。调查显示，农民工在城镇落户意愿整体不高，仅有19.1%的农民工明确表示愿意落户城镇，但是约43%的农民工计划未来在现居住城镇长期定居。其中，37.6%的农民工计划在城镇购买商品房，分别有2.5%和2.8%的农民工计划在现居住城镇申请保障性住房或长期租房居住。

随着进城时间的增长，农民工在城镇的定居意愿显著提升，而落户意愿有所下降。调查显示，进城5年以上的长期进城农民工中，有44.3%的受访者表示愿意在现居住城镇长期定居，其中39%的农民工计划购买商品房，分别高于农民工整体水平1.35个和1.4个百分点。相较而言，仅有17.9%的长期进城农民工表示愿意落户城镇，低于整体水平

---

① 在现居地城镇长期定居包括申请现居住地的保障性住房、在现居住地购买商品房、在现居住地长期租房。

1.2个百分点。愿意定居城镇的长期进城农民工比重高于愿意落户农民工比重约26.3个百分点。

2. 不满足"稳定住所"要求是阻碍农民工在城镇落户的关键瓶颈

购买房屋依然是部分城市落户的重要门槛。虽然2016年国务院办公厅印发的《推动1亿非户籍人口在城市落户方案》明确规定，大中城市均不得采取购买房屋、投资纳税等方式设置落户限制。然而，调研中发现购房以及购房面积依然是部分城市落户的重要门槛，或是决定落户难易程度的重要条件。例如，江苏无锡市属于Ⅰ型大城市，购买房屋以及购买房屋面积大小依然是落户条件的主要内容，其根据外来人口住房情况，设置了差异化的缴纳社会保险和连续居住年限的落户门槛：有建筑面积54平方米以上所有权住宅，仅需缴纳社会保险并申领居住证满1年即可落户；而拥有建筑面积54平方米以下住宅和租房的外来人口分别需要满足2年和5年的社保缴纳和居住证申领年限要求。

愿意落户农民工中，不满足"稳定住所"要求是阻碍落户城镇的首要原因。调查显示，有40.4%愿意落户城镇的农民工因为不满足落户条件中"稳定住所"要求尚未落户，还有6.4%的农民工因未购买房屋未能落户。

3. 拥有稳定住房是促进农民工家属随迁和社会融合的重要条件

首先，拥有稳定住房的农民工家属随迁比重显著较高。调查显示，在自购商品房农民工中，有89.9%的受访者配偶随迁进城，85.9%的子女随迁进城，分别高于平均水平15.7个和25.3个百分点。购买经济适用房和共有产权房的农民工，分别有88.5%和85.3%的配偶随迁进城，以及84.9%和85.3%的子女随迁进城，随迁比重均显著高于租房居住、住在政府公租房和企业集体宿舍中的农民工群体。

其次，部分城市依然将购买房屋作为农村家属随迁的必备条件和随迁子女入学的重要考量因素。例如，家属随迁方面，无锡市规定，拥有所有权住宅是父母和配偶投靠落户的必备前置条件，在此基础上，子女投靠落户还需保障人均住房面积不低于18平方米。随迁子女入学方面，苏州规定拥有住宅房屋所有权证并实际居住，可以不参加积分入学，以其合法固定住所为准就近入学；温州等地区采取按照"有户有房、有户无房、有房无户、无房无户"顺序进行分批次录取招生办法，购买房屋的农民工随迁子女在录取招生时处于明显优先地位。

再者，促进农民工尽早尽快全面融入城市生活，是高质量推进农业转移人口市民化的核心要义，而拥有稳定住房是促进农民工加快建立对务工城市的身份认同和归属感的重要途径。调查显示，购买经济适用房、共有产权房和商品房的农民工归属感显著较强，分别高于整体水平26.4个、24.5个和22.1个百分点，同时，归属感也显著高于寄宿亲戚家、居住在公租房和单位集体宿舍，以及自己租房等其他居住方式的农民工群体。

二、不同类型地区农民工住房与落户意愿的关系

（一）无稳定住所是制约农民工落户的关键因素，在跨省农民工集聚区影响更为突出

住房是农民工市民化的基础性条件，有无稳定的住所也是地方实践中对农民工落户条件的一项要求。根据2020年问卷调查结果，"不满足落户条件中稳定住所要求"是四类地区农民工一致选择的尚未落户城镇的主要原因，其中，在跨省农民工集聚的Ⅰ类和Ⅱ类地区，无稳定住所是农民工尚未落户城镇的最重要原因，在省内农民工集聚的Ⅲ类地区和

非农民工集聚的Ⅳ类地区，无稳定住所也是农民工尚未落户城镇的次重要原因，表明了住房问题对农民工市民化的基础性影响（表7-1）。

四类地区农民工尚未落户城镇的原因（2020年）　　　表7-1

	Ⅰ类区	Ⅱ类区	Ⅲ类区	Ⅳ类区
不满足落户条件中稳定住所要求	最重要	最重要	次重要	次重要
不满足落户条件中社保年限要求		第三重要	第三重要	
不满足落户条件中稳定就业要求				第三重要
不满足落户条件中学历要求	第三重要			
不了解落户政策和手续	次重要	次重要	最重要	最重要
满足文件落户条件，但落户办理人员实际上只认房产证，买了房才能顺利落户				
满足租赁落户条件，但是我的房东/老板不愿意帮我开具证明				
积分落户名额有限，估计5年内都排不到我				
正在办理，但手续繁琐、周期长				
不愿意落户				

（二）在城市享有保障性住房是农民工退出农村三权时最希望得到的补偿，尤其是在跨省农民工集聚区

担心失去在农村的土地等权益，是农民工不愿或不确定落户的最重要原因。如果给予一定的补偿让农民工退出农村三权（农村土地承包权、宅基地使用权、集体经济组织收益权），则"在居住的城市享有保障性住房"和"货币补偿"是两项最主要的选择，50%左右的农民工最希望选择这两项（表7-2）。其中，在跨省农民工集聚的Ⅰ类和Ⅱ类地区中，"在居住的城市享有保障性住房"是农民工退出农村三权时希望得到的补偿首选。在城市拥有产权的住房或具备购房能力，是农民工退出农村三权的必要保证。

四类地区农民工退出农村三权时最希望得到的补偿（2020年）　　表7-2

	Ⅰ类区	Ⅱ类区	Ⅲ类区	Ⅳ类区
货币补偿	18.31%	22.63%	28.32%	25.25%
在居住的城市享有保障性住房	33.61%	25.73%	23.90%	23.34%
在居住城市购买商品房时享有补贴	10.64%	11.85%	9.99%	10.47%
在居住城市减免社保缴费	4.23%	4.56%	5.78%	5.22%
其他补偿	0.28%	0.19%	0.46%	0.22%
没有认真考虑过	20.76%	20.64%	17.01%	19.55%
不愿意退出	12.18%	14.40%	14.53%	15.94%

（三）在城镇购买了商品房是增加非农民工集聚区落户意愿的重要因素，对跨省和省内农民工集聚区落户意愿的影响相对弱一些

从农民工愿意转为城镇户口的具备条件选择上看，在城镇具有稳定的工作和收入明显提高，是农民工最看重的两项。在农民工集聚的Ⅰ、Ⅱ、Ⅲ类地区，农民工在落户条件选择时第三看重的条件是"子女能够进入城镇公立学校就读"，而在非农民工集聚的Ⅳ类地区，第三看重的条件则是"在城镇购买了商品房"（表7-3）。可见，在农民工集聚区，就业和子女教育问题是影响农民工落户意愿的最主要因素，而在非农民工集聚区，排在就业之后的是住房问题，在城镇购买了商品房将显著提高落户意愿。

四类地区农民工愿转为城镇户口的具备条件选择（2020年）　　表7-3

	Ⅰ类区	Ⅱ类区	Ⅲ类区	Ⅳ类区
在城镇工作较为稳定	最重要	最重要	最重要	最重要
在城镇收入明显提高	次重要	次重要	次重要	次重要
在城镇购买了商品房				第三重要
在城镇有条件申请保障性住房				

续表

	Ⅰ类区	Ⅱ类区	Ⅲ类区	Ⅳ类区
子女能够进入城镇公立学校就读	第三重要	第三重要	第三重要	
子女能在城镇参加高考				
全家人在城镇可以团聚				
在城镇不再受到城里人歧视				
进一步明确落户政策、简化落户程序				
不愿意落户				
其他原因				

三、不同类型地区农民工居住现状及群体间差异

（一）居住方式及变化

农民工居住方式的区域间差异较明显（表7-4）。在跨省农民工集聚的Ⅰ、Ⅱ类地区，自己租房和单位提供的集体宿舍在居住方式中占据绝对主导。自己租房是最主要的居住方式，2020年Ⅰ、Ⅱ地区其占比分别高达57.2%和42.1%，与2016年相比，Ⅰ类地区该比例稳定在57%的高位，Ⅱ类地区该比例下降了4.1个百分点，但维持在40%以上的较高水平。其次是单位提供的集体宿舍（包括建筑工棚），2020年其占比分别为27.9%和28.2%，分别比2016年提高1.9个和3.5个百分点。可见，在跨省农民工集聚区，自己租房和单位提供的集体宿舍在居住方式中占据绝对主导，2020年二者合计占比分别为85.1%和70.3%。在Ⅰ类地区，农民工自己购买商品房的比例明显较低，2020年该比例仅有6.3%，且较2016年下降，即使加上购买的经济适用房和共有产权房等保障性住房，其自有住房比例也仅有10%。Ⅱ类地区农民工自己购买商品房的比例要高一些，2020年该比例为16.5%，比2016年下降1.2个百分点，如果考虑上购买经济适用房和共有产权房，则农民工自有

住房比例为24.2%。

在省内农民工集聚的Ⅲ类地区和非农民工集聚的Ⅳ类地区，自有住房（包括自购商品房、购买经济适用房、购买共有产权房）已经超过自己租房与单位提供的集体宿舍，成为最主要的居住方式。2020年，Ⅲ、Ⅳ类地区农民工居住方式中自有住房占比分别为34.6%和44.1%，其中，自购商品房占比分别为24.0%和25.2%，分别比2016年提高6个和3.6个百分点，特别是在Ⅳ类地区，自购商品房占比已超过自己租房，成为最主要的居住方式；自己租房比例分别为31.0%和23.0%，分别比2016年下降12.4个和15.1个百分点，下降幅度明显；单位提供的集体宿舍在居住方式中占比分别为24.7%和20.0%，分别比2016年下降2.2个和3.6个百分点。

在农民工居住方式中，政府提供的公租房发挥作用有限。2016年，四类地区中政府提供的廉租房或公租房在居住方式中占比不到5%，2020年政府提供的公租房在居住方式中占比不到2%。（表7-4）

四类地区农民工的居住方式 表7-4

居住方式	Ⅰ类地区	Ⅱ类地区	Ⅲ类地区	Ⅳ类地区
2016年				
单位提供的集体宿舍（包括建筑工棚）	26.0%	24.7%	26.9%	23.6%
自己租房	57.0%	46.2%	43.4%	38.1%
政府提供的廉租房或公租房	3.4%	2.4%	3.3%	4.5%
自己购买商品房	8.7%	17.7%	18.0%	21.6%
寄住亲戚家	1.8%	2.1%	2.4%	3.3%
其他	2.2%	4.2%	4.2%	5.9%
2020年				
单位提供的集体宿舍（包括建筑工棚）	27.9%	28.2%	24.7%	20.0%

续表

居住方式	Ⅰ类地区	Ⅱ类地区	Ⅲ类地区	Ⅳ类地区
自己租房	57.2%	42.1%	31.0%	23.0%
政府提供的公租房	0.9%	0.7%	1.8%	1.3%
购买的经济适用房	1.7%	4.4%	6.5%	10.5%
购买的共有产权房	2.0%	3.3%	4.1%	8.5%
自购商品房	6.3%	16.5%	24.0%	25.2%
寄住亲戚家	2.6%	1.6%	3.5%	3.7%
其他	1.4%	3.2%	4.4%	7.9%

（二）居住位置及变化

农民工在城镇的居住位置以近郊区为主，Ⅰ、Ⅱ类地区住在远郊区乡镇的比例较高。2020年，Ⅰ、Ⅱ、Ⅲ、Ⅳ类地区的农民工居住在近郊区的比例分别为39.8%、33.7%、42.8%、39.7%，居住在中心城区的比例分别为17.4%、18.4%、28.0%、25.7%，总体来看，居住在近郊区和中心城区的比例分别达到57.2%、52.1%、70.8%、65.4%，表明农民工在城镇的居住选择上较看重位置的便利性（表7-5）。但Ⅰ、Ⅱ类地区的农民工居住在远郊区乡镇的比例高于中心城区，分别为32.1%和41.1%，Ⅱ类地区该比例已超过近郊区占比，这可能与Ⅱ类地区中以长三角和珠三角的城市为主，其远郊区乡镇就业机会较多有关。

2016~2020年农民工在城市的居住位置总体呈现外移趋势。与2016年相比，2020年Ⅱ、Ⅲ、Ⅳ类地区农民工居住在近郊区的比例明显下降，而居住在远郊区乡镇的比例均出现较大程度上升，Ⅰ类地区农民工居住在近郊区的比例虽然小幅上升1.1个百分点，但居住在中心城区的比例大幅下降8.8个百分点，与之同时，居住在远郊区乡镇的比例上升10.9个百分点。

四类地区农民工的居住位置　　　　　表7-5

居住位置	Ⅰ类地区		Ⅱ类地区		Ⅲ类地区		Ⅳ类地区	
	2016年	2020年	2016年	2020年	2016年	2020年	2016年	2020年
中心城区	26.2%	17.4%	14.9%	18.4%	26.5%	28.0%	24.0%	25.7%
近郊区	38.7%	39.8%	46.3%	33.7%	50.4%	42.8%	48.2%	39.7%
远郊区县城	11.2%	9.3%	7.7%	5.4%	9.8%	9.7%	10.5%	11.8%
远郊区乡镇	21.0%	32.1%	27.5%	41.1%	10.4%	18.5%	14.4%	21.5%
其他	1.7%	1.3%	1.4%	1.4%	1.3%	1.0%	1.1%	1.3%

(三) 住房支出情况

农民工群体每月住房支出在家庭收入中占比不高。2020年, Ⅰ、Ⅱ、Ⅲ、Ⅳ类地区均有一半以上的农民工每月住房支出（租金或月供）在家庭收入中占比在20%以内, 分别有71.0%、74.4%、69.0%、69.4%的农民工每月住房支出在家庭收入中占比低于30%, 符合住房可支付性的要求（表7-6）。可见, 农民工住房支付能力并不低, 未来住房消费仍有提升空间。

对于租赁住房的农民工家庭, 月租金支出在500～1000元之间的占比最高, 其中, Ⅰ类地区半数以上家庭月租金支出在500～1500元之间, Ⅱ、Ⅲ、Ⅳ类地区半数以上家庭月租金支出在1000元以下。Ⅰ类地区住房租金水平较高。

对于有住房按揭贷款的农民工家庭, 半数以上月供支出在3000元以下, 其中, Ⅰ、Ⅱ、Ⅲ类地区农民工家庭月供支出在2000～3000元之间的占比最高, Ⅳ类地区农民工家庭月供支出在1000～2000元之间的占比最高。

四类地区农民工每月住房支出在家庭收入中占比（2020 年） 表 7-6

每月住房支出在家庭收入中占比	Ⅰ类地区	Ⅱ类地区	Ⅲ类地区	Ⅳ类地区
10%以内	28.83%	37.78%	35.12%	38.28%
10%～20%	22.70%	21.24%	16.28%	15.95%
20%～30%	19.45%	15.37%	17.57%	15.16%
30%～40%	11.94%	9.71%	11.55%	10.23%
40%～50%	7.83%	6.54%	8.32%	8.23%
50%以上	9.25%	9.36%	11.17%	12.15%

（四）住房政策的惠及情况

农民工群体缴纳住房公积金的比例并不低，尤其是在跨省农民工集聚区。2020年，Ⅰ、Ⅱ、Ⅲ、Ⅳ类地区持续缴纳住房公积金的农民工比例分别为50.9%、56.7%、39.2%、47.3%，均超过全国住房公积金对城镇就业人口的覆盖率33.8%[①]。其中，跨省农民工集聚的Ⅰ、Ⅱ类地区，持续缴纳住房公积金的农民工比例更高，超过一半，省内农民工集聚的Ⅲ类地区该比例相对较低（表7-7）。

农民工对住房保障政策缺乏了解，成功申请保障性住房的比例极低。2020年，四类地区90%以上的农民工没有申请过保障性住房，其中，70%左右是因为对保障性住房有关政策规定不了解。在少数申请保障性住房的农民工中，申请成功的比例也极低，Ⅰ、Ⅱ、Ⅲ、Ⅳ类地区成功申请保障性住房的比例分别仅有1.1%、1.1%、2.0%、2.1%，整体上来看不足2%（表7-8）。

---

① 根据《全国住房公积金2019年年度报告》，2019年住房公积金实缴职工14881.38万人，占同期城镇就业人口的33.8%。

四类地区农民工住房公积金缴纳情况（2020年）　　　表7-7

	Ⅰ类地区	Ⅱ类地区	Ⅲ类地区	Ⅳ类地区
是，持续缴	50.9%	56.7%	39.2%	47.3%
曾经缴过，现已中断	7.8%	6.9%	8.9%	6.5%
没有缴过	33.5%	29.3%	45.2%	39.5%
不了解公积金	7.8%	7.0%	6.7%	6.8%

四类地区农民工申请保障性住房情况（2020年）　　　表7-8

	Ⅰ类地区	Ⅱ类地区	Ⅲ类地区	Ⅳ类地区
否，因为不了解有关政策规定	65.1%	79.6%	68.8%	69.8%
否，因为不符合申请条件	27.7%	16.7%	22.9%	20.7%
是，但没有申请成功	6.0%	2.6%	6.3%	7.5%
是，且申请成功了	1.1%	1.1%	2.0%	2.1%

（五）住房拥有情况

我国特殊的城乡二元结构使得农民工住房拥有情况也较城镇复杂，半数左右农民工在老家农村拥有住房。除在城市的现住房外，Ⅰ、Ⅱ、Ⅲ、Ⅳ类地区分别有48.5%、54.3%、46.8%、45.2%的农民工在老家农村拥有住房，Ⅱ类地区相对较高，有效盘活农民工在老家农村的住房有助于提高其对城市住房的支付能力；在别处无住房的比例分别为31.8%、31.6%、40.1%、44.5%，Ⅳ类地区相对较高。Ⅰ类地区在老家县城拥有住房的比例较高，为14.8%（表7-9）。

四类地区农民工住房拥有情况（2020年）　　　表7-9

	Ⅰ类地区	Ⅱ类地区	Ⅲ类地区	Ⅳ类地区
是，在老家农村拥有住房	48.5%	54.3%	46.8%	45.2%
是，在老家县城拥有住房	14.8%	9.7%	7.8%	6.2%

续表

	Ⅰ类地区	Ⅱ类地区	Ⅲ类地区	Ⅳ类地区
是，在本市其他地方或其他城市拥有住房	4.9%	4.5%	5.3%	4.1%
否	31.8%	31.6%	40.1%	44.5%

（六）居住方式的群体间差异

1. Ⅰ、Ⅱ类地区农民工核心群体以自己租房为主，Ⅲ、Ⅳ类地区农民工核心群体则以自有住房为主

城市中的农民工群体的年龄较年轻，90%以上年龄在20~50岁之间，即为"70后""80后"和"90后"，60岁以上农民工占比不到1%。20~50岁这一农民工核心群体居住方式的区域间差异明显。Ⅰ、Ⅱ类地区农民工核心群体以自己租房为主，其占比分别在50%以上和40%以上。其中，Ⅰ类地区30~40岁的"80后"农民工群体自己租房比例超过60%，而自购商品房的比例仅有6.7%。Ⅳ类地区农民工核心群体则以自有住房为主，特别是"80后"群体的自有住房比例更是超过50%。Ⅲ类地区30~50岁的"70后"和"80后"群体以自有住房为主，其占比超过40%，"90后"群体则以自己租房为主（表7-10）。

四类地区20岁以下的农民工均以单位提供的集体宿舍为主，特别是在Ⅰ、Ⅱ、Ⅲ类地区，单位提供的集体宿舍在居住方式中占比在70%左右，体现了单位宿舍在解决年轻农民工住房问题中的重要作用。

四类地区不同年龄农民工的居住方式比较（2020年）　　表7-10

	单位提供的集体宿舍	自己租房	政府提供的公租房	购买的经济适用房	购买的共有产权房	自购商品房	寄住亲戚家	其他	计算自有住房比例
					Ⅰ类地区				
20岁及以下	72.0%	16.0%	0.0%	0.0%	0.0%	4.0%	8.0%	0.0%	4.0%
(20，30]岁	34.8%	53.6%	0.9%	1.3%	1.4%	4.1%	2.3%	1.7%	6.8%
(30，40]岁	22.6%	61.2%	0.9%	2.3%	2.2%	6.7%	2.7%	1.4%	11.2%
(40，50]岁	27.8%	56.2%	0.8%	1.0%	2.6%	7.9%	2.4%	1.4%	11.5%
(50，60]岁	31.0%	53.4%	0.9%	1.7%	0.9%	9.5%	2.6%	0.0%	12.1%
60岁以上	—	—	—	—	—	—	—	—	—
					Ⅱ类地区				
20岁及以下	74.6%	16.9%	0.0%	1.4%	0.7%	1.4%	2.8%	2.1%	3.5%
(20，30]岁	37.8%	42.2%	0.4%	2.6%	2.5%	9.0%	2.0%	3.4%	14.1%
(30，40]岁	21.6%	43.3%	0.6%	5.1%	3.9%	21.0%	1.6%	2.9%	30.1%
(40，50]岁	22.0%	43.5%	1.3%	5.8%	3.4%	20.1%	0.6%	3.3%	29.3%
(50，60]岁	22.9%	40.4%	1.1%	5.9%	3.7%	17.0%	2.1%	6.9%	26.6%
60岁以上	40.0%	20.0%	6.7%	6.7%	6.7%	20.0%		0.0%	33.3%
					Ⅲ类地区				
20岁及以下	68.3%	23.8%	1.6%	1.6%	0.0%	3.2%	0.0%	1.6%	4.8%
(20，30]岁	33.9%	35.3%	1.6%	4.3%	2.0%	14.6%	4.6%	3.7%	20.9%
(30，40]岁	17.5%	29.3%	1.8%	8.0%	4.7%	30.5%	3.3%	4.9%	43.1%
(40，50]岁	22.8%	28.1%	2.0%	7.6%	5.6%	27.1%	2.2%	4.6%	40.2%
(50，60]岁	27.4%	31.8%	2.2%	4.7%	6.9%	19.8%	3.1%	4.1%	31.4%
60岁以上	41.4%	20.7%	0.0%	0.0%	0.0%	24.1%	13.8%	0.0%	24.1%
					Ⅳ类地区				
20岁及以下	53.9%	20.2%	1.1%	1.1%	5.6%	3.4%	6.7%	7.9%	10.1%
(20，30]岁	30.3%	22.6%	0.9%	10.3%	6.2%	17.4%	5.5%	6.9%	33.9%
(30，40]岁	15.3%	22.2%	1.1%	11.2%	9.5%	29.7%	3.4%	7.5%	50.4%
(40，50]岁	15.2%	23.2%	1.8%	10.4%	9.6%	28.4%	2.6%	8.8%	48.5%
(50，60]岁	22.1%	27.2%	2.0%	7.6%	6.3%	18.8%	2.7%	13.3%	32.7%
60岁以上	14.0%	60.0%	2.0%	2.0%	4.0%	10.0%	4.0%	4.0%	16.0%

注：Ⅰ类地区60岁以上的只有一个样本，在此不对其进行统计分析。

2. 农民工集聚区从事建筑业和住宿业的人员以单位提供的集体宿舍为主，其余行业农民工以自己租房或自有住房为主；非农民工集聚区各行业人员均以自有住房为主

农民工居住方式在不同行业之间表现出明显差异，尤其是在跨省农民工集聚的Ⅰ、Ⅱ类地区。而在非农民工集聚的Ⅳ类地区，各行业农民工均以自有住房为主，不仅购买商品房的比例高，购买保障性的共有产权房和经济适用房的比例也较高（表7-11）。

从不同行业来看，从事建筑业和住宿业的农民工居住方式与其他行业明显不同，特别是在农民工集聚的Ⅰ、Ⅱ、Ⅲ类地区，这两大行业的农民工居住方式以单位提供的集体宿舍为主，其占比超过40%，在非农民工集聚的Ⅳ类地区，从事建筑业和住宿业的农民工住单位宿舍的比例也明显高于其他行业。对于Ⅱ、Ⅲ类地区，从事批发零售业、居民服务业、租赁和商务服务业的农民工自有住房的比例相对较高，在40%左右。

从不同区域来看，除建筑业和住宿业外，Ⅰ类地区从事其他行业的农民工均以自己租房为主，自己租房在居住方式中占比在50%左右，其中，制造业和批发零售业农民工自己租房的比例更高，超过60%。Ⅱ、Ⅲ类地区从事其他行业的农民工以自己租房和自有住房为主，其中，Ⅱ类地区包括制造业在内的更多行业以自己租房为主，Ⅲ类地区更多行业则以自有住房为主。

四类地区不同行业农民工的居住方式比较（2020年） 表7-11

	单位提供的集体宿舍	自己租房	政府提供的公租房	购买的经济适用房	购买的共有产权房	自购商品房	寄住亲戚家	其他	计算自有住房
Ⅰ类地区									
制造业	23.1%	67.4%	0.5%	1.2%	1.3%	4.4%	1.4%	0.9%	6.8%
建筑业	48.7%	35.5%	0.7%	0.7%	0.0%	10.5%	2.6%	1.3%	11.2%
批发零售业	19.4%	60.2%	1.9%	2.8%	1.9%	9.3%	3.7%	0.9%	13.9%
交通运输仓储和邮政业	22.0%	51.5%	2.0%	2.5%	4.5%	10.5%	4.5%	2.5%	17.5%
修理	22.6%	58.1%	0.0%	6.5%	0.0%	6.5%	3.2%	3.2%	12.9%
住宿业	41.2%	47.1%	0.0%	0.0%	0.0%	11.8%	0.0%	0.0%	11.8%
餐饮业	38.2%	48.0%	0.8%	0.8%	2.4%	3.3%	4.9%	1.6%	6.5%
居民服务	28.8%	48.1%	1.1%	2.7%	4.2%	9.5%	3.4%	2.3%	16.3%
文化、体育和娱乐业	30.0%	48.3%	0.0%	3.3%	1.7%	11.7%	3.3%	1.7%	16.7%
租赁和商务服务业	21.4%	54.3%	2.9%	4.3%	1.4%	10.0%	2.9%	2.9%	15.7%
其他	32.1%	52.4%	0.4%	1.2%	2.4%	6.5%	2.0%	2.8%	10.2%
Ⅱ类地区									
制造业	28.9%	42.8%	0.5%	4.2%	3.2%	16.6%	1.2%	2.6%	24.0%
建筑业	56.6%	19.9%	0.8%	3.6%	2.4%	12.4%	0.4%	4.0%	18.3%
批发零售业	10.0%	40.0%	2.0%	4.0%	2.0%	36.0%	4.0%	2.0%	42.0%
交通运输仓储和邮政业	12.0%	46.2%	1.4%	4.3%	2.9%	22.1%	4.8%	6.3%	29.3%
修理	16.9%	36.9%	0.0%	12.3%	7.7%	9.2%	4.6%	12.3%	29.2%
住宿业	42.9%	35.7%	0.0%	0.0%	0.0%	21.4%	0.0%	0.0%	21.4%
餐饮业	20.7%	56.5%	3.3%	2.2%	4.3%	10.9%	0.0%	2.2%	17.4%
居民服务	11.5%	42.8%	1.2%	7.8%	7.0%	23.9%	2.5%	3.3%	38.7%
文化、体育和娱乐业	13.0%	39.1%	0.0%	6.5%	2.2%	30.4%	6.5%	2.2%	39.1%
租赁和商务服务业	9.3%	39.5%	0.0%	14.0%	9.3%	20.9%	4.7%	2.3%	44.2%
其他	24.6%	42.5%	0.4%	3.2%	2.4%	17.1%	1.6%	8.3%	22.6%

续表

	单位提供的集体宿舍	自己租房	政府提供的公租房	购买的经济适用房	购买的共有产权房	自购商品房	寄住亲戚家	其他	计算自有住房
	III 类地区								
制造业	21.3%	26.3%	1.7%	7.8%	5.8%	29.1%	2.3%	5.6%	42.7%
建筑业	50.7%	21.9%	1.4%	5.6%	2.6%	14.1%	2.4%	1.4%	22.3%
批发零售业	9.3%	32.1%	1.9%	5.1%	3.3%	41.9%	3.3%	3.3%	50.2%
交通运输仓储和邮政业	18.9%	39.0%	1.2%	6.1%	3.0%	26.2%	2.4%	3.0%	35.4%
修理	30.9%	30.9%	0.0%	9.1%	0.0%	23.6%	0.0%	5.5%	32.7%
住宿业	44.8%	37.9%	0.0%	0.0%	3.4%	13.8%	0.0%	0.0%	17.2%
餐饮业	20.8%	37.2%	1.7%	7.8%	6.5%	20.3%	2.2%	3.5%	34.6%
居民服务	10.9%	31.0%	2.7%	9.4%	4.9%	32.4%	4.7%	4.1%	46.6%
文化、体育和娱乐业	12.9%	40.8%	3.4%	10.2%	1.4%	24.5%	4.8%	2.0%	36.1%
租赁和商务服务业	13.0%	32.1%	1.2%	3.1%	3.7%	37.7%	4.3%	4.9%	44.4%
其他	31.5%	25.8%	2.0%	4.2%	2.8%	22.4%	4.0%	7.3%	29.4%
	IV 类地区								
制造业	23.7%	16.7%	1.0%	10.1%	9.3%	27.3%	3.4%	8.4%	46.7%
建筑业	32.9%	20.3%	2.1%	5.4%	5.4%	26.2%	3.1%	4.6%	37.0%
批发零售业	14.2%	26.8%	1.7%	15.9%	6.3%	29.3%	3.8%	2.1%	51.5%
交通运输仓储和邮政业	4.0%	35.8%	0.8%	10.5%	6.3%	24.8%	4.5%	13.3%	41.6%
修理	11.1%	21.6%	2.0%	15.7%	7.8%	29.4%	3.3%	9.2%	52.9%
住宿业	28.6%	21.4%	4.8%	9.5%	4.8%	26.2%	2.4%	2.4%	40.5%
餐饮业	23.4%	31.0%	1.3%	11.3%	11.3%	17.2%	1.7%	2.9%	39.7%
居民服务	8.0%	31.6%	2.1%	10.4%	8.2%	30.4%	4.2%	5.1%	48.9%
文化、体育和娱乐业	21.1%	23.9%	0.9%	14.7%	7.3%	23.9%	4.6%	3.7%	45.9%
租赁和商务服务业	11.5%	32.2%	3.4%	11.5%	10.3%	26.4%	3.4%	1.1%	48.3%
其他	15.5%	16.7%	0.8%	13.6%	10.3%	28.5%	3.3%	11.5%	52.3%

3. 在城镇居住时间不足一年的农民工居住单位提供住宿的比例较高，随着在城镇居住时间的增加，农民工自己租房和买房比例上升，居住时间超过五年后自有住房比例明显上升

随着农民工在城镇居住时间的增加，居住单位提供住宿的比例下降，自己租房和买房的比例上升，表明单位提供的集体宿舍是刚进城农民工的一种过渡性住房选择；在城镇居住时间超过五年后，自有住房比例明显上升（表7-12）。

对于跨省农民工集聚的Ⅰ、Ⅱ类地区，在城镇居住一年以上的农民工均以自己租房为主，特别是Ⅰ类地区，农民工自己租房比例在60%左右。

对于省内农民工集聚的Ⅲ类地区，农民工居住方式与其在城镇居住时间之间表明出梯次变化的特征。在城镇居住时间在一年以内的农民工以单位提供的集体宿舍为主，居住时间超过一年但不足五年的农民工以自己租房为主，居住时间超过五年后则以自有住房为主。

对于非农民工集聚的Ⅳ类地区，在城镇居住时间超过三年的农民工均以自有住房为主，其中，购买经济适用房和共有产权房的比例明显上升。

四类地区城镇居住时间不同的农民工群体的居住方式（2020年）　　表7-12

	单位提供的集体宿舍	自己租房	政府提供的公租房	购买的经济适用房	购买的共有产权房	自购商品房	寄住亲戚家	其他	计算自有住房
	Ⅰ类地区								
不到6个月	64.2%	27.5%	1.8%	1.8%	1.8%	0.9%	1.8%	0.0%	4.6%
6个月~1年	45.6%	44.9%	0.7%	0.7%	0.7%	2.9%	4.4%	0.0%	4.4%

续表

	单位提供的集体宿舍	自己租房	政府提供的公租房	购买的经济适用房	购买的共有产权房	自购商品房	寄住亲戚家	其他	计算自有住房
1年~3年	38.9%	52.7%	1.1%	1.1%	1.1%	1.4%	2.5%	1.1%	3.7%
3年~5年	25.9%	63.7%	0.3%	2.4%	1.6%	4.3%	1.6%	0.3%	8.3%
5年~10年	22.8%	66.6%	0.5%	1.4%	1.0%	4.5%	2.1%	1.0%	7.0%
10年以上	21.2%	55.9%	1.1%	1.9%	3.2%	11.0%	3.1%	2.6%	16.1%
Ⅱ类地区									
不到6个月	67.6%	23.6%	0.5%	0.9%	0.5%	2.6%	2.4%	1.9%	4.0%
6个月~1年	44.8%	45.6%	0.4%	1.3%	0.8%	3.8%	2.5%	0.8%	5.9%
1年~3年	43.1%	44.0%	1.0%	2.7%	1.6%	4.9%	1.2%	1.4%	9.3%
3年~5年	30.2%	49.0%	0.7%	3.9%	2.8%	10.5%	1.5%	1.3%	17.2%
5年~10年	22.6%	47.6%	0.3%	4.2%	3.0%	19.2%	1.2%	2.0%	26.3%
10年以上	14.7%	39.4%	0.8%	6.5%	5.2%	25.8%	1.7%	5.9%	37.5%
Ⅲ类地区									
不到6个月	52.9%	29.0%	1.0%	1.0%	1.2%	4.9%	4.9%	5.1%	7.1%
6个月~1年	48.5%	37.2%	1.2%	1.8%	0.7%	5.8%	3.5%	1.4%	8.3%
1年~3年	34.0%	41.0%	1.6%	3.8%	2.1%	12.7%	3.1%	1.7%	18.6%
3年~5年	25.8%	36.5%	2.2%	6.4%	3.5%	20.2%	3.7%	1.7%	30.1%
5年~10年	16.5%	33.1%	1.8%	6.5%	3.7%	32.8%	2.8%	2.8%	43.0%
10年以上	13.7%	21.8%	1.9%	10.0%	6.8%	33.6%	3.8%	8.3%	50.4%
Ⅳ类地区									
不到6个月	47.7%	24.4%	0.6%	3.4%	3.0%	5.6%	4.2%	11.0%	12.0%
6个月~1年	36.9%	38.4%	1.2%	4.5%	2.1%	9.4%	4.5%	3.1%	16.0%
1年~3年	35.1%	32.0%	2.3%	5.4%	2.5%	13.8%	4.8%	4.0%	21.8%
3年~5年	22.6%	30.4%	1.5%	9.6%	7.3%	23.1%	3.0%	2.5%	40.0%
5年~10年	16.7%	24.7%	1.0%	12.2%	8.6%	29.9%	3.3%	3.6%	50.7%
10年以上	12.3%	16.8%	1.2%	12.5%	11.3%	30.2%	3.7%	12.1%	53.9%

四、不同类型地区农民工居住意愿及群体间差异

(一) 改善住房条件的途径选择

通过统计比较2016年和2020年四类地区农民工对改善住房条件的途径选择，可以发现，通过用人单位提供更舒适的集体宿舍以及用人单位提供租房补贴自己租房始终是农民工改善住房条件的重要渠道，这可能与农民工对住房保障政策缺乏了解有关。但与2016年相比，2020年通过政府改善外来人口集聚区的生活环境来改善住房条件不再是一项主要选择，Ⅱ、Ⅲ、Ⅳ类地区更多希望通过购买商品房来改善住房条件，而且通过租住当地政府提供的公租房来改善住房条件也不再是一项主要选择，表明农民工对改善住房条件的愿望由之前的改善环境转为实现产权拥有（表7-13）。

对于跨省农民工集聚的Ⅰ、Ⅱ类地区，通过用人单位提供租房补贴自己租房是农民工希望改善住房条件的最重要途径选择，其次是用人单位提供更舒适的集体宿舍，均为非产权住房的形式。与2016年相比，通过单位补贴自己租房来改善住房条件的重要性明显上升。

对于省内农民工集聚的Ⅲ类地区，通过用人单位提供更舒适的集体宿舍是农民工希望改善住房条件的最重要途径选择，其次是购买商品房。与2016年相比，农民工通过产权拥有来改善住房条件的愿望上升。

对于非农民工集聚的Ⅳ类地区，购买当地政府建设的经济适用房、限价房或共有产权房与购买商品房是农民工希望改善住房条件的最重要和次重要途径选择，均为产权住房的形式。与2016年相比，通过拥有产权型住房来改善住房条件的重要性明显上升。

四类地区农民工改善住房条件的途径选择（2016年） 表7-13

	Ⅰ类地区	Ⅱ类地区	Ⅲ类地区	Ⅳ类地区
2016年				
用人单位提供更舒适的集体宿舍	第一选择	第一选择	第一选择	第一选择
用人单位提供夫妻宿舍			第二选择	
用人单位提供租房补贴，自己租房		第二选择	并列第二选择	第二选择
政府建设专门的农民工公寓				
租住当地政府提供的廉租或公租房	第二选择			并列第二选择
购买当地政府建设的经适房或限价房				
购买商品房				
政府改善外来人口集聚区的生活环境	第三选择	第三选择	第三选择	第三选择
2020年				
用人单位提供更舒适的集体宿舍	次重要	次重要	最重要	第三重要
用人单位提供夫妻宿舍	第三重要			
用人单位提供租房补贴，自己租房	最重要	最重要	第三重要	
政府建设专门的农民工公寓				
租住当地政府提供的公租房				
购买当地政府建设的经济适用房、限价房或共有产权房				最重要
购买商品房		第三重要	次重要	次重要
政府改善外来人口集聚区的生活环境				
用人单位缴纳住房公积金				

（二）未来居住打算及变化

从农民工的未来长远居住打算来看，2020年，Ⅱ、Ⅲ、Ⅳ类地区农民工的首选均是在现居住地购买商品房，其占比在40%左右，Ⅰ类地区对未来长远居住打算不确定的占比最高，其次才是在现居住地购房商品房。有30%左右的农民工对未来长远的居住打算表示不确定，该比例比2016年明显上升，表明农民工对未来长远居住打算的不稳定预期上升（表7-14）。

除在现居住地购买商品房和不确定之外，Ⅰ类地区农民工选择回老家附近城镇购买商品房的较多，为19.3%，Ⅱ、Ⅲ、Ⅳ类地区则选择回老家农村自己盖房的较多，分别为13.8%、11.7%、14.2%。在四类地区，选择在现居住地租房和回老家附近城镇租房的比例都很低，表明从长远来看农民工有很强的动力去获得自己拥有产权的住房。

四类地区农民工未来长远的居住打算　　　　表 7-14

	Ⅰ类地区	Ⅱ类地区	Ⅲ类地区	Ⅳ类地区
2016年				
在现居住地购买商品房	31.4%	40.2%	44.7%	42.7%
在现居住地租房	8.9%	4.4%	4.9%	5.4%
回老家附近城镇购买商品房	18.2%	13.5%	10.1%	8.7%
回老家附近城镇租房	2.9%	2.1%	2.2%	2.6%
回老家农村自己盖房	14.0%	16.5%	14.6%	15.8%
还不确定	21.6%	18.9%	19.7%	20.2%
其他	1.7%	1.8%	1.5%	1.9%
2020年				
在现居住地购买商品房	24.1%	35.4%	44.0%	42.8%
在现居住地租房	4.9%	3.4%	2.7%	2.3%
回老家附近城镇购买商品房	19.3%	12.7%	9.1%	7.2%
回老家附近城镇租房	1.7%	0.7%	1.2%	1.1%
回老家农村自己盖房	16.4%	13.8%	11.7%	14.2%
排队申请现居住地的保障性住房	3.8%	2.1%	2.3%	2.7%
不确定	29.2%	31.1%	28.3%	29.0%
其他	0.7%	0.8%	0.8%	0.7%

（三）未来居住打算的主要影响因素

1. 80后农民工打算在现居住地购买商品房的比例最高，20%以上的60后农民工打算回老家农村盖房

2020年，30~40岁的80后农民工打算在现居住地购买商品房的比例最高，在Ⅰ、Ⅱ、Ⅲ、Ⅳ类地区分别为27.1%、41.7%、46.6%、46.6%，在Ⅱ、Ⅲ、Ⅳ类地区该比例均超过40%。50~60岁的60后农民工回老家农村自己盖房的比例较高，在Ⅰ、Ⅱ、Ⅲ、Ⅳ类地区分别为27.6%、26.1%、20.8%、27.8%，其中，Ⅰ、Ⅱ、Ⅳ类地区该比例更高，接近30%（表7-15）。

跨省农民工集聚的Ⅰ类地区，30岁以下农民工对未来长远居住打算表现出较大的不确定性，对未来居住打算不确定的占比超过35%；40~50岁的70后和50~60岁的60后农民工选择回老家农村盖房的比例较高，接近30%；只有80后农民工打算在现居住地购买商品房的比例相对较高；此外，Ⅰ类地区农民工打算回老家附近城镇购买商品房的比例较高。

与Ⅰ类地区相比，跨省农民工集聚的Ⅱ类地区农民工打算在现居住地购买商品房的比例增加，除80后外，50岁以上农民工打算在现居住地购买商品房的比例也是最高的，在30%左右；相同的是，30岁以下农民工对未来长远居住打算表现出较大的不确定性，占比接近40%。

省内农民工集聚的Ⅲ类地区，打算回老家农村盖房的比例明显较低，20岁以下和50岁以上的两头群体对未来居住打算表现出较高的不确定性，中间涵盖70后、80后、90后在内的20~50岁群体则以打算在现居住地购买商品房为主，其占比分别为48.5%、46.6%、36.9%。

非农民工集聚的Ⅳ类地区，打算在现居住地购买商品房为主的群

体数量更多，涵盖20～60岁，其中，20～30岁的90后和30～40岁的80后农民工打算在现居住地购买商品房的比例较高，分别为46.2%和46.6%；只有20岁以下和60岁以上的少数群体对未来居住打算以不确定为主。

四类地区不同年龄段农民工群体未来居住打算（2020年）　　表7-15

	在现居住地购买商品房	在现居住地租房	回老家附近城镇购买商品房	回老家附近城镇租房	回老家农村自己盖房	排队申请现居住地的保障性住房	不确定	其他
Ⅰ类地区								
20岁及以下	20.0%	4.0%	24.0%	4.0%	12.0%	0.0%	36.0%	0.0%
(20，30]岁	24.4%	3.6%	22.3%	1.4%	9.4%	2.4%	35.7%	0.9%
(30，40]岁	27.1%	4.7%	20.1%	1.7%	14.4%	5.2%	26.1%	0.6%
(40，50]岁	19.0%	6.9%	13.9%	1.6%	28.4%	3.0%	26.6%	0.6%
(50，60]岁	13.8%	5.2%	14.7%	3.4%	27.6%	3.4%	31.0%	0.9%
60岁以上	—	—	—	—	—	—	—	—
Ⅱ类地区								
20岁及以下	14.1%	2.8%	24.6%	2.8%	4.9%	0.0%	49.3%	1.4%
(20，30]岁	33.4%	2.8%	13.9%	0.6%	9.7%	1.1%	38.1%	0.3%
(30，40]岁	41.7%	3.0%	12.4%	0.8%	12.8%	2.0%	26.4%	1.0%
(40，50]岁	28.3%	4.5%	9.9%	0.5%	21.7%	4.1%	30.0%	0.8%
(50，60]岁	26.6%	6.9%	13.3%	0.5%	26.1%	2.7%	23.4%	0.5%
60岁以上	33.3%	6.7%	13.3%	0.0%	20.0%	0.0%	26.7%	0.0%
Ⅲ类地区								
20岁及以下	28.6%	1.6%	20.6%	1.6%	12.7%	0.0%	34.9%	0.0%
(20，30]岁	48.5%	2.9%	9.7%	0.8%	6.1%	1.6%	29.9%	0.6%
(30，40]岁	46.6%	2.1%	8.8%	1.3%	12.2%	2.9%	25.6%	0.6%
(40，50]岁	36.9%	2.9%	7.6%	1.7%	17.7%	2.4%	29.7%	1.1%
(50，60]岁	24.2%	5.7%	10.4%	1.6%	20.8%	1.9%	33.0%	2.5%

续表

	在现居住地购买商品房	在现居住地租房	回老家附近城镇购买商品房	回老家附近城镇租房	回老家农村自己盖房	排队申请现居住地的保障性住房	不确定	其他
60岁以上	17.2%	0.0%	6.9%	0.0%	20.7%	0.0%	55.2%	0.0%
Ⅳ类地区								
20岁及以下	28.1%	1.1%	6.7%	1.1%	13.5%	0.0%	48.3%	1.1%
(20, 30]岁	46.2%	2.3%	8.0%	1.4%	7.9%	2.4%	31.3%	0.7%
(30, 40]岁	46.6%	2.0%	7.4%	0.8%	13.2%	2.5%	26.8%	0.6%
(40, 50]岁	35.5%	2.9%	6.3%	1.3%	20.1%	3.6%	29.7%	0.6%
(50, 60]岁	29.9%	2.7%	7.0%	1.2%	27.8%	2.9%	27.2%	1.4%
60岁以上	24.0%	0.0%	2.0%	0.0%	26.0%	0.0%	48.0%	0.0%

2. 在城镇居住时间较短的农民工对未来居住打算的不确定较大，多数地区在城镇居住时间超过五年后打算在现居住地购买商品房的比例上升至较高水平

随着在城镇居住时间的增加，农民工打算在现居住地购买商品房的比例总体呈上升态势，打算排队申请居住地保障性住房的比例上升，回老家附近城镇购买商品房的比例下降，这在四类地区表现出一致性（表7-16）。

Ⅰ类地区只有在城镇居住时间超过十年的农民工未来居住打算中在现居住地购买商品房的占比最高，接近30%，打算排队申请现居住地保障性住房的比例明显上升至5.1%，居住时间低于十年的农民工对未来居住打算仍以不确定为主。

Ⅱ类地区在城镇居住时间超过三年后农民工对未来居住打算的不确定性明显下降，打算在现居住地购买商品房的比例上升，特别是在

城镇居住时间超过五年后，打算在现居住地购买商品房的比例上升至40%左右。

Ⅲ、Ⅳ类地区除了在城镇居住时间不足6个月的短期人员外，其余居住时间超过6个月的农民工均以在现居住地购买商品房为主，特别是居住时间超过五年的农民工，未来打算在现居住地购买商品房的比例接近50%。

四类地区在城镇居住时间不同的农民工群体未来居住打算（2020年）　表7-16

	在现居住地购买商品房	在现居住地租房	回老家附近城镇购买商品房	回老家附近城镇租房	回老家农村自己盖房	排队申请现居住地的保障性住房	不确定	其他
Ⅰ类地区								
不到6个月	21.1%	7.3%	24.8%	2.8%	12.8%	0.0%	31.2%	0.0%
6个月~1年	19.9%	5.1%	19.1%	2.9%	14.7%	0.7%	37.5%	0.0%
1年~3年	18.0%	4.2%	23.9%	2.5%	14.6%	3.4%	32.4%	0.8%
3年~5年	22.9%	4.5%	23.5%	1.6%	13.3%	3.2%	30.4%	0.5%
5年~10年	21.8%	4.2%	19.3%	2.3%	19.7%	3.8%	28.6%	0.3%
10年以上	29.1%	5.3%	15.3%	0.8%	16.8%	5.1%	26.5%	1.0%
Ⅱ类地区								
不到6个月	17.7%	4.0%	20.6%	0.9%	13.9%	0.9%	41.4%	0.5%
6个月~1年	25.1%	6.7%	20.1%	0.4%	10.5%	0.4%	36.8%	0.0%
1年~3年	28.5%	4.2%	17.9%	0.8%	13.5%	1.2%	33.0%	0.8%
3年~5年	33.6%	3.7%	16.4%	1.2%	11.4%	1.6%	31.5%	0.4%
5年~10年	42.2%	2.3%	11.1%	0.8%	12.2%	2.6%	28.2%	0.6%
10年以上	39.6%	3.0%	7.9%	0.5%	15.9%	2.7%	29.1%	1.1%
Ⅲ类地区								
不到6个月	24.9%	4.1%	19.0%	2.7%	17.1%	1.6%	29.8%	0.8%
6个月~1年	37.0%	3.5%	15.7%	2.3%	9.0%	1.8%	30.3%	0.5%
1年~3年	41.4%	3.5%	12.5%	1.7%	9.8%	1.8%	28.5%	0.8%

续表

	在现居住地购买商品房	在现居住地租房	回老家附近城镇购买商品房	回老家附近城镇租房	回老家农村自己盖房	排队申请现居住地的保障性住房	不确定	其他
3年~5年	47.9%	3.4%	9.0%	1.2%	10.4%	1.7%	25.4%	0.9%
5年~10年	48.1%	1.9%	6.8%	0.9%	10.0%	3.0%	28.5%	0.7%
10年以上	46.9%	1.9%	5.2%	0.7%	13.6%	2.6%	28.5%	0.8%
Ⅳ类地区								
不到6个月	28.5%	4.4%	12.2%	2.6%	20.0%	1.8%	29.9%	0.6%
6个月~1年	35.3%	5.9%	12.2%	2.6%	13.4%	1.4%	28.7%	0.5%
1年~3年	41.4%	3.2%	11.0%	1.4%	12.1%	2.7%	27.2%	1.0%
3年~5年	45.3%	2.8%	8.8%	1.2%	11.3%	2.7%	27.6%	0.3%
5年~10年	48.3%	2.0%	5.9%	1.0%	11.2%	2.7%	28.2%	0.8%
10年以上	42.5%	1.5%	5.5%	0.7%	16.1%	3.0%	30.0%	0.6%

3. Ⅰ、Ⅱ类地区月收入水平超过5000元的农民工打算在现居住地购房商品房的比例明显上升，Ⅲ、Ⅳ类地区各收入区间农民工多打算在现居住地购房商品房

随着收入水平的提高，农民工打算在现居住地购买商品房的比例上升，对未来居住打算的不确定性下降，这在四类地区表现出一致性（表7-17）。

跨省农民工集聚的Ⅰ、Ⅱ类地区，月收入超过5000元的农民工打算在现居住地购买商品房的比例明显上升，Ⅰ类地区上升至30%以上，Ⅱ类地区上升至50%左右。Ⅰ类地区月收入在5000~8000元的农民工打算回老家附近城镇购买商品房的比例较高，达到23.8%，月收入在1500~2500元的农民工打算回老家农村盖房的比例较高，达到31.4%。

Ⅲ、Ⅳ类地区各收入区间的农民工均以打算在现居住地购买商品

房为主。其中，省内农民工集聚的Ⅲ类地区，月收入水平超过2500元的农民工打算在现居住地购买商品房的比例明显上升至45%左右的水平。对于农民工集聚的Ⅳ类地区，除收入水平在1500元以下的少数农民工外，其余收入水平的农民工打算在现居住地购房商品房的比例均在40%以上，且在各收入区间的群体之间相差不大。这在一定程度上反映出收入水平并不是影响Ⅳ类地区农民工未来居住选择的最主要因素。

四类地区不同收入农民工群体未来居住打算（2020年）　　表7-17

	在现居住地购买商品房	在现居住地租房	回老家附近城镇购买商品房	回老家附近城镇租房	回老家农村自己盖房	排队申请现居住地的保障性住房	不确定	其他
Ⅰ类地区								
1500元及以下	25.0%	10.7%	7.1%	3.6%	25.0%	0.0%	28.6%	0.0%
1501～2500元	10.5%	5.9%	13.7%	1.3%	31.4%	3.3%	33.3%	0.7%
2501～3500元	17.8%	6.2%	17.4%	2.0%	23.1%	2.4%	30.8%	0.4%
3501～5000元	21.5%	4.6%	19.5%	2.0%	16.6%	4.0%	31.1%	0.6%
5001～8000元	31.1%	4.9%	23.8%	1.0%	10.0%	4.5%	23.9%	0.9%
8000～15000元	36.5%	2.0%	14.3%	2.0%	9.4%	4.9%	30.5%	0.5%
15000元以上	41.7%	0.0%	8.3%	0.0%	12.5%	4.2%	29.2%	4.2%
Ⅱ类地区								
1500元及以下	13.4%	3.7%	15.9%	2.4%	15.9%	3.7%	45.1%	0.0%
1501～2500元	32.8%	4.4%	7.5%	1.0%	16.8%	2.6%	34.6%	0.3%
2501～3500元	32.0%	4.6%	11.5%	0.9%	16.0%	2.5%	31.7%	0.8%
3501～5000元	33.3%	3.5%	14.2%	0.6%	14.0%	1.8%	31.8%	0.9%
5001～8000元	39.2%	2.3%	13.1%	0.9%	11.8%	2.1%	29.9%	0.8%
8000～15000元	50.9%	1.5%	10.2%	0.3%	10.8%	2.2%	23.1%	0.9%
15000元以上	55.2%	6.9%	13.8%	0.0%	3.4%	0.0%	20.7%	0.0%

续表

	在现居住地购买商品房	在现居住地租房	回老家附近城镇购买商品房	回老家附近城镇租房	回老家农村自己盖房	排队申请现居住地的保障性住房	不确定	其他
Ⅲ类地区								
1500元及以下	35.6%	5.1%	7.9%	1.7%	9.6%	6.8%	32.2%	1.1%
1501~2500元	38.6%	4.5%	6.8%	1.3%	12.0%	2.8%	33.1%	0.9%
2501~3500元	46.9%	2.2%	7.2%	1.0%	9.8%	2.4%	29.8%	0.8%
3501~5000元	45.1%	2.6%	9.5%	1.3%	12.0%	2.0%	26.9%	0.6%
5001~8000元	43.1%	2.1%	12.2%	1.3%	13.9%	1.4%	25.2%	0.7%
8000~15000元	45.6%	0.4%	14.5%	0.8%	12.9%	3.6%	21.0%	1.2%
15000元以上	33.3%	0.0%	10.3%	5.1%	23.1%	0.0%	28.2%	0.0%
Ⅳ类地区								
1500元及以下	35.6%	2.7%	3.2%	1.3%	14.6%	5.4%	36.1%	1.1%
1501~2500元	40.2%	3.3%	4.6%	1.2%	12.5%	3.6%	33.9%	0.6%
2501~3500元	43.8%	2.3%	6.5%	0.9%	13.9%	2.9%	28.9%	0.6%
3501~5000元	43.4%	1.7%	8.5%	1.0%	15.9%	1.9%	26.9%	0.7%
5001~8000元	43.7%	2.6%	9.5%	1.6%	13.4%	1.8%	26.8%	0.6%
8000~15000元	45.6%	1.7%	14.9%	0.0%	11.6%	3.3%	22.8%	0.0%
15000元以上	41.7%	4.2%	8.3%	4.2%	16.7%	8.3%	16.7%	0.0%

五、推进农民工区域差别化梯次落户城镇的住房政策设计及建议

农民工住房问题早在2006年就在国务院层面提出，经过十多年的发展和实践，目前已初步形成了中央政策指导、地方实践响应的机制。但由于目前尚未形成明确的顶层设计方案，地方对解决农民工住房问题的积极性并不高，将农民工住房问题纳入城市住房建设规划、纳入住房公积金制度及城镇保障性住房体系等政策并未得到有效响应。本研究利用2016年和2020年农民工落户意愿专项问卷调查，从区域差异

角度分析农民工居住状况及影响因素，基于研究的实证发现，有针对性提出推进农民工落户的区域差别化住房政策建议。

（一）主要研究结论

1. 住房问题是推进农民工落户时需考虑的关键因素

稳定的住所是农民工城镇生活的基础条件，也是制约农民工落户城镇的关键因素和农民工退出农村三权时最愿得到的补偿，在跨省农民工集聚的Ⅰ、Ⅱ类地区，其影响更为突出。根据2020年问卷调查结果，"不满足落户条件中稳定住所要求"是四类地区农民工一致选择的尚未落户城镇的主要原因，其中，在跨省农民工集聚的Ⅰ类和Ⅱ类地区，无稳定住所是农民工尚未落户城镇的最重要原因；如果给予一定的补偿让农民工退出农村三权（农村土地承包权、宅基地使用权、集体经济组织收益权），则"在居住的城市享有保障性住房"和"货币补偿"是两项最主要的选择，其中，在跨省农民工集聚的Ⅰ类和Ⅱ类地区中，"在居住的城市享有保障性住房"是农民工退出农村三权时希望得到的补偿首选。上述调查结果反映出住房问题对实现农民工真正市民化的基础性影响，是推进农民工落户时需考虑的关键因素。

2. 农民工住房状况在不同区域表现出一定的共性特点

一是单位提供的集体宿舍（建筑工棚）是农民工城镇住房的一项重要来源。2016年和2020年的调查结果均显示，20%以上农民工通过集体宿舍解决居住问题。居住单位提供集体宿舍的农民工主要集中于建筑业和住宿业就业群体以及在城镇居住时间不足一年的群体，表明集体宿舍作为解决特定行业和新进城农民工住房问题的一项过渡性制度安排有其必要性。国际经验也表明，在快速城市化阶段，单位提供的租赁住房在解决流动人口住房问题方面发挥重要作用，如日本在20

世纪70年代之前,由单位提供的租赁住房在住房存量中所占比重接近7%,超过政府提供的公共租赁住房规模。

二是农民工更多地希望通过用人单位提供一定的住房帮助来改善住房条件。通过统计比较2016年和2020年四类地区农民工对改善住房条件途径的选择,可以发现,通过用人单位提供更舒适的集体宿舍以及用人单位提供租房补贴自己租房始终是农民工改善住房条件的重要渠道;而与2016年相比,2020年通过政府改善外来人口集聚区的生活环境来改善住房条件不再是一项主要选择。这在一定程度上反映出农民工更多地希望通过用人单位提供一定的住房帮助来改善住房条件。

三是政府提供的公租房在解决农民工住房问题方面尚未充分发挥作用。从居住现状来看,2020年政府提供的公租房在农民工居住方式中占比不到2%,农民工对住房保障政策缺乏了解,70%左右农民工不了解住房保障有关政策规定,成功申请保障性住房的比例总体不足2%。从农民工改善住房条件的渠道选择来看,政府建设专门的农民工公寓与租住当地政府提供的公租房均未被作为改善住房条件的选择。这既有农民工对住房保障政策不了解的主观因素的影响,也有地方政府为农民工提供公租房的动力和意愿不足、公租房申请成功率极低等客观因素的制约。

四是80后农民工和在城镇居住时间超过五年的农民工未来打算在本地购买商品房的比例明显较高。2020年,30～40岁的80后农民工打算在现居住地购买商品房的比例最高,在Ⅰ、Ⅱ、Ⅲ、Ⅳ类地区分别为27.1%、41.7%、46.6%、46.6%,明显高于各地区全部农民工群体的平均水平。除Ⅰ类地区,其余各地区在城镇居住时间超过五年的农民工打算在本地购买商品房的比例上升至40%以上的较高水平。

3. 农民工住房状况存在较大的区域间差异

在跨省农民工集聚的Ⅰ、Ⅱ类地区，自己租房在居住方式中占据绝对主导。2020年，Ⅰ类地区57%的农民工以自己租房为住房来源方式，自己租房和单位提供的集体宿舍解决了85%农民工的住房来源，而包括购买经济适用房、共有产权房、自购商品房在内的自有住房比例仅为10%，自购商品房比例更是只有6.3%；Ⅱ类地区40%以上农民工以自己租房为住房来源方式，自己租房和单位提供的集体宿舍解决了70%农民工的住房来源，而自有住房比例只有24%，其中，自购商品房比例为16.5%，明显低于Ⅲ、Ⅳ类地区。从住房改善途径的选择来看，Ⅰ、Ⅱ类地区通过用人单位提供租房补贴自己租房是农民工希望改善住房条件的最重要途径选择，其次是用人单位提供更舒适的集体宿舍，均为非产权住房的形式。与2016年相比，通过单位补贴自己租房来改善住房条件的重要性明显上升，体现出农民工对租金补贴的需求。从未来居住打算来看，Ⅰ类地区对未来居住选择的不确定较高，Ⅱ类地区则打算在现居住地购买商品房的比例较高，但两类地区月收入超过5000元的农民工打算在现居住地购买商品房的比例均明显上升。

在省内农民工集聚的Ⅲ类地区，农民工居住方式中自有住房已经超过自己租房与单位提供的集体宿舍，占比居首位。2020年，Ⅲ类地区农民工居住方式中自有住房占比为34.6%，其中，自购商品房占比为24.0%，比2016年提高了6个百分点。Ⅲ类地区农民工居住方式与其在城镇居住时间之间表明出梯次变化的特征。在城镇居住时间在一年以内的农民工以单位提供的集体宿舍为主，居住时间超过一年但不足五年的农民工以自己租房为主，居住时间超过五年后则以自有住房为主。从改善住房条件的途径选择来看，通过用人单位提供更舒适的集体宿舍是农民工希望改善住房条件的最重要途径选择，其次是购买商品房；与2016年相比，农民工通过产权拥有来改善住房条件的愿望上升。在未来居住打算中，选择在本地购买商品房的比例超过40%，明显高于Ⅰ、Ⅱ类地区。

在非农民工集聚的Ⅳ类地区，农民工自有住房比例较高。2020年，Ⅳ类地区农民工居住方式中自有住房占比为44.1%，其中，自购商品房占比为25.2%，比2016年提高了3.6个百分点，其中，自购商品房占比已超过自己租房，成为最主要的居住方式，而自己租房比例仅为23.0%，比2016年下降了15.1个百分点，下降幅度明显。从改善住房条件的途径选择来看，购买当地政府建设的经济适用房、限价房或共有产权房与购买商品房是农民工希望改善住房条件的最重要和次重要途径选择，均为产权住房的形式。与2016年相比，通过拥有产权型住房来改善住房条件的重要性明显上升。在未来居住打算中，选择在本地购买商品房的比例较高。

4. 农民工住房问题有别于城镇本地人群

一是农民工对未来居住打算尚未形成一个稳定的选择预期。对农民工未来居住打算的调查结果显示，有30%左右的农民工对未来长远的居住打算表示不确定，该比例比2016年明显上升，表明农民工对未来长远居住打算缺乏一个稳定的预期且不稳定性在提高。但随着收入水平的提高，农民工对未来居住打算的不确定性下降。

二是农民工住房消费尚有释放空间，消费意愿不足是主要制约。农民工群体每月住房支出在家庭收入中占比不高，2020年，半数以上农民工每月住房支出（租金或月供）在家庭收入中占比在20%以内，70%左右的农民工每月住房支出在家庭收入中占比低于30%，符合住房可支付性的要求。此外，农民工群体缴纳住房公积金的比例并不低，半数左右农民工在持续缴纳住房公积金，超过全国住房公积金对城镇就业人口的覆盖率33.8%。除城市现住房外，半数左右农民工在老家农村拥有住房，这也是提高农民工城镇住房支付能力的潜在支撑。

(二) 农民工住房政策设计原则

1. 要与教育制度、收入分配制度等改革联动

人们对于住房的需求不仅仅来自于对物质空间的需求，更重要的是对就业机会、公共服务和便利设施的需求。因此，解决农民工城镇住房问题，不单单是为农民工提供一个"栖身之所"，更重要的是为其融入城市生活创造途径。从农民工愿意转为城镇户口的具备条件选择上看，"在城镇具有稳定的工作"和"收入明显提高"，是农民工最看重的两项，第三看重的条件是"子女能够进入城镇公立学校就读"。这意味着，为进城农民工提供一个长期稳定的居住预期不能仅考虑住房问题，需要与收入分配制度改革、教育制度改革等进行联动考虑。如通过收入分配制度改革切实提高农民工收入水平，推进住房租赁市场的"租购同权"解决农民工子女教育问题等。

2. 既要有国家层面的统筹又要注重区域差别化

本研究结果显示，农民工住房状况及特点既有区域间共性，又有明显的区域间差异。这意味着解决农民工住房问题的政策设计既要有国家层面的统筹又要注重区域差别化。单位提供的集体宿舍是农民工城镇住房的一项重要来源、农民工更多地希望通过用人单位提供一定的住房帮助来改善住房条件、政府提供的公租房对解决农民工住房问题发挥作用有限等共性的住房状况及特点是需要从国家层面考虑的农民工住房政策设计内容。在跨省农民工集聚区自己租房在居住方式中

占据绝对主导、希望改善住房条件的途径为非产权住房形式，在省内农民工集聚区居住方式中自有住房占比居首位，通过产权拥有来改善住房条件的愿望上升，在非农民工集聚区自有住房比例较高且自购商品房比例上升、购买商品房和产权型保障房是农民工希望改善住房条件的重要途径等区域差异的住房状况及特点需要进行差别化住房政策设计。

3. 要考虑核心群体及住房需求特点的动态变化

农民工居住现状与居住意愿表现出明显的群体间差异，80后农民工和在城镇居住时间超过五年的农民工未来打算在本地购买商品房的比例明显较高，从事建筑业和住宿业的农民工居住方式以单位提供的集体宿舍为主、从事服务业特别是一些就业人口占比较高的服务业（如批发零售业、居民服务业、租赁和商务服务业等）的农民工自有住房的比例相对较高。展望未来，80后和90后农民工将成为主体，其住房消费特点与60后和70后农民工不同，而且随着在城镇居住时间的增加，未来在现居住地实现住房自有的意愿明显上升。此外，从产业结构变化看，未来服务业就业的农民工比例将逐步上升，这些行业就业的农民工住房购买意愿和能力都将提高。这些是农民工住房政策中需要动态考虑的。

（三）具体措施与政策建议

着重解决好"三个1亿人"问题（促进约1亿农业转移人口落户城镇，改造约1亿人居住的城镇棚户区和城中村，引导约1亿人在中西部地区就近城镇化）是2014年以来新型城镇化工作的重要战略举措。当前，"三个1亿人"的目标已基本实现，围绕解决农民工住房保障问题，推动农民工在城镇安居，可以作为未来一段时期进一步深入推进"以人为核心"的新型城镇化的重要战略抓手,同时有利于壮大我国中等收入群体规模,扩大国内投资消费需求,有利于推动农民工家属随迁城镇,稳定我国城镇化快速下滑趋势,有利于破解当前农业转移人口市民化困境,提升市民化质量,有利于完善共建共治共享的社会治理制度,维护社会公平正义和安定秩序。

1. 以居住年限为标准将农民工逐步纳入城镇住房保障体系

农民工收入水平总体较低,理论上是城镇住房保障体系需重点关注的对象。但考虑到我国仍处于城镇化较快推进的现状以及地方住房供给充裕度与财政能力,现阶段将农民工纳入城镇住房保障体系很难一步到位。农民工的住房现状与未来居住打算与其在城镇居住时间有关,而且作为外来人口,其对城市经济社会发展的贡献也与其进城时间长短有关。建议结合不同区域农民工住房需求特点,以在当地居住年限为标准,将农民工逐步纳入城镇住房保障体系;跨省农民工集聚区可以三至五年为标准,省内农民工集聚区可以一至三年为标准,非农民工集聚区可将保障性住房面向常住农民工;加大对住房保障政策规定及申请条件的宣传解读,在农民工集聚区和外来务工人员重点就业单位,围绕保障性住房的具体申请条件、申请资料等问题,开展直接面向农民工的政策宣传讲解,提高农民工对保障性住房的认知度和住房保障政策对农民工的惠及度。

2. 发挥住房公积金对提高农民工住房支付能力的作用

住房公积金作为一项重要的住房保障政策,其对农民工住房支付能力的支持有条件也有必要发挥更大作用。调查结果显示,农民工缴纳住房公积金的比例并不低,半数左右农民工在持续缴纳住房公积金,超过全国住房公积金对城镇就业人口的覆盖率;用人单位提供租房补贴自己租房是农民工希望改善住房条件的重要途径，尤其是在跨省农民工集聚区。这与以单位强制资助、国家给予免税优惠为筹集基础的住房公积金制度较好吻合。建议采取强制缴存和自愿缴存相结合的方式，进一步扩大住房公积金对农民工群体的覆盖面；提高公积金对住房租赁家庭的支持力度，从建设和消费两个方面支持住房租赁市场的发展；改革现有运营和管理体制，发挥住房公积金的政策性住房金融的功能，以更好地实现公积金制度为普通家庭住房消费提供多种方式的金融支持。

3. 多途径提高农民工住房消费意愿

城乡二元体制下形成的农民工群体，其住房问题也有明显区别于城镇本地人群之处，突出表现为对未来居住打算的不确定性较高和住房消费意愿不足。这就需要通过政策体系的完善促使农民工对未来城镇生活形成清晰稳定的预期，进而提高其在城市的消费意愿尤其是住房消费意愿。建议完善住房租赁市场发展，多元化租赁住房供给方式，注重盘活存量住房资源，以市场化手段推动长租房市场加快健康发展，按照"长租即长住、长住即安家"的新理念，综合运用金融、科技、信用等手段，以市场化手段、以低成本资金整合各类资源，将大量社会闲置房源转化为长租房源，提高租赁住房的稳定性及权益保障；推进教育领域公共服务均等化，实现真正意义的租购同权；积极探索有效盘活农民工农村三权的方式，增加农民工财产性收入渠道，释放农民工住房消费空间。探索建立农业转移人口退出农村宅基地与在城镇购房优惠联动机制，给予退出宅基地农民工合理购房补贴，实现农业转移人口城镇"住房梦"。

4. 增加与农民工住房需求特点相匹配的住房供给

农民工普遍受教育水平较低，其所从事的行业特点、收入水平、流动性特点等决定了其住房需求的特殊性。在农民工市民化推进过程中，通过正规的住房市场难以全面解决农民工住房问题，过渡性的住房供给在未来一段时间仍需完善。

一是大中城市"城中村"改造中考虑农民工的住房需求。目前我国的"城中村"改造模式很少考虑农民工群体的住房需求，多采取整体拆除重建的模式，改造后的"城中村"已难以作为农民工住房的来源渠道。建议对"城中村"的更新改造采取拆除重建与综合整治相结合的方式，对拆除重建类的"城中村"增加小户型可支付租赁住房供给，对综合整治类"城中村"加强规划管理，增加基础设施和公共服务配套供给，为农民工营造良好的生活环境。调研发现，广州通过更新改造50%的城中村，即可以提供200多万套可支付健康住房，满足全市中低收入农民工和外来务工人员的住房需求。

二是鼓励农民工集聚区的用人单位为刚进城农民工提供过渡性住房安排。2016年和2020年的调查结果均显示，20%以上农民工通过集体宿舍解决居住问题，表明集体宿舍作为解决特定行业和新进城农民工住房问题的一项过渡性制度安排有其必要性。建议发挥用人单位在解决新进城和特定行业农民工住房问题中的积极作用，按照"政府引导、政策扶持、企业运作、规范管理"的原则，通过土地、税收等政策鼓励和引导用人单位为农民工提供过渡性住房安排。

5. 构建与农民工住房需求特点相匹配的区域差别化住房支持政策

农民工居住现状与意愿表现出明显区域差异，表明其住房问题的解决不可能"一刀切"、一蹴而就，各地应根据实际情况，实施不同的农民工城镇住房支持政策，满足农民工稳定的居所需求。基于农民工住房需求的区域差异，建议在四类地区实施区域差别化住房帮助政策，为农民工提供公平的住房选择机会。跨省农民工集聚的Ⅰ类地区可采取提供近郊区公租房或租房补贴的住房支持政策，根据各地住房市场存量充裕度，选择实物保障或货币补贴的方式；跨省农民工集聚的Ⅱ类地区和省内农民工集聚的Ⅲ类地区，可采取租房补贴的住房支持政策，同时将在城镇稳定就业生活的农民工纳入城镇产权型住房保障；非农民工集聚的Ⅳ类地区可结合新型城镇化任务推行落户零门槛，实现农民工与本地居民同等待遇。

参考文献

1. 叶裕民，袁蕾. 转型期中国农业转移人口住房与规划政策研究［J］. 城市与区域规划研究，2009（2）.

2. 欧阳慧，张燕，滕飞，邹一南. 农业转移人口群体差别化落户思路与政策研究［J］. 宏观经济研究，2018（2）.

3. 陈宝华. 农民工市民化进程中的住房问题研究［J］. 农村经济与科技，2018（11）.

4. 谢建社，朱小练，陈键城，赵玉. 保障性住房视角下农民工城市融入的路径分析［J］. 黑龙江社会科学，2020（5）.

5. 郑思齐，廖俊平，任荣荣，曹洋. 农民工住房政策与经济增长［J］. 经济研究，2011（2）.

6. 董昕. 住房支付能力与农业转移人口的持久性迁移意愿［J］. 中国人口科学，2015（6）.

7. 刘蕾，郭义，刘倩. 农业转移人口市民化与住房保障的交互效应研究［J］. 财政科学，2019（10）.

8. 刘斌. 住房、住房政策与农民工市民化：研究述评及展望［J］. 重庆理工大学学报（社会科学），2020（1）.

9. 刘斌，张翔. 有恒产者由恒心：农民工住房状况与就业稳定性研究［J］.

西部论坛，2021（4）．

10．马智利，韩冰洋．农业转移人口住房需求的支持机制研究［J］．农村经济，2017（9）．

11．曾国安，肖洋．农业转移人口类型结构对城镇住房需求的影响［J］．房地产市场，2014（22）．

12．龙翠红，柏艺琳，刘佩．新生代农民工住房模式选择及影响机制［J］．社会科学，2019（11）．

13．任荣荣著．住房租与买：理论决定与现实选择［M］．北京：社会科学文献出版社，2019．

14．张黎莉，严荣．农民工在流入地住房困难的代际差异研究［J］．华东师范大学学报（哲学社会科学版），2019（1）．

15．吕萍，甄辉，丁富军．差异化农民工住房政策的构建设想［J］．经济地理，2012（10）．

16．任荣荣．把握住房需求变化趋势，建立稳定住房消费长效机制［J］．宏观经济管理，2016（4）．

17．鲍家伟．实施人地挂钩 促进农民工融入城镇［J］．宏观经济管理，2015（11）．

18．欧阳慧．农民工市民化的动力困境与路径创新［J］．宏观经济管理，2016（1）．

19．王先柱，王敏，吴义东．住房公积金支持农民工住房消费的区域差异性研究［J］．华东师范大学学报．哲学社会科学版，2018（2）．

20．叶裕民，张理政，孙玥，王洁晶．破解城中村更新和新市民住房"孪生难题"的联动机制研究［J］．中国人民大学学报，2020（2）．

第八章 区域差别化梯次推进农民工落户城镇的随迁子女教育政策

自20世纪90年代开始,随着农民工群体迁移规模日益庞大,农民工群体迁移的"家庭化"特征日益明显,随迁子女迅速涌入城市,城市教育容量与随迁子女就学需求之间的供需矛盾不断激化,引起社会各界广泛关注。国家统计局数据显示,2020年我国义务教育年龄段随迁儿童在校率已经达到99.4%。但也要看到,99.4%的在校率并非涵盖所有农民工有随迁就读意愿的义务教育年龄段儿童,而是仅限于已经能够实现子女随迁的农民工群体。解决好这一问题关系着农民工子女自身价值实现以及农民工家庭未来发展,直接影响农民工进城意愿和社会稳定。本章从制度层面,在户籍制度、财政事权与支出责任划分、入学政策、异地高考制度、法治保障等关键环节,提出区域差别化梯次推进农民工落户城镇的随迁子女教育政策设计。

一、我国农民工随迁子女教育的政策现状

(一)义务教育阶段实施"两为主、两纳入"政策

20世纪90年代之前,中央及地方政府对于农民工随迁子女教育问题没有给予足够关注,相关权力缺少制度保障,相关权责划分不清晰,

政府职能缺位，基本处于农民工个人解决的状态。进入90年代，伴随着我国城镇化进程的提速，随迁子女教育供需矛盾开始凸显并不断加剧，引起中央政府和社会各界的高度关注，成为事关民生和城镇化大局的重要问题。

从2001年"两为主"政策提出起，相关政策体系不断优化完善。直至2014年，《国家新型城镇化规划（2014—2020年）》明确提出"两纳入"政策，我国农民工随迁子女义务教育"两为主、两纳入"政策全面实行。"两为主"即以流入地区政府管理为主、以全日制公办中小学为主，"两纳入"即将农民工随迁子女义务教育纳入各级政府教育发展规划和财政保障范畴。在这一政策框架下，明确了政府在农民工随迁子女接受义务教育中需要承担起相关责任，改变农民工家长单方面承担责任的模式。同时，进一步明确了流出地与流入地之间的责任，即从返回流出地就读为主转为以输入地就读为主。"两为主、两纳入"政策的实施是农民工随迁子女义务教育政策制定理念上的根本转变，政府责任的明确极大地提升了农民工随迁子女平等接受教育权利的保障水平，农民工随迁子女入学状况得到了明显改善。

（二）教育成本分担以流入地为主，中央政府部分分担

自明确"两为主、两纳入"的原则后，流入地政府成为流动人口子女教育经费的承担主体。2003年，教育部发布《关于进一步做好进城务工农民子女义务教育工作的意见》（国发〔2003〕78号）明确了流入地政府对流动人口子女受教育权的保障不仅限于一种管理上的职责，同时具有保障流动人口子女教育经费的义务。2006年，国务院出台《关于解决农民工问题的若干意见》（国发〔2006〕5号），强调了流动人口子女教育经费的承担主体是流入地政府，同时首次对教育经费拨付的

标准进行了规定，明确回应了教育经费主体的责任范畴以及经费的结构性问题。

但从实施效果来看，仅仅依靠流入地政府无法满足越来越庞大的随迁子女义务教育支出。以2015年为转折点，中央政府开始参与其中。2015年11月，国务院发布《国务院关于进一步完善城乡义务教育经费保障机制的通知》（国发〔2015〕67号），首次明确了中央政府与地方政府两方为义务教育资金的共同承担主体，并且进一步以区域为划分标准，对中央政府与地方政府义务教育经费承担的比例进行了规定。在西部等经济发展较为落后的地区，中央与地方政府义务教育经费承担比例为8∶2；在经济相对发达的中部地区，中央与地方政府经费承担比例为6∶4；在经济更为发达的东部地区，中央与地方政府经费承担比例为5∶5。

（三）上下合力推动施策，县级政府是最终落实主体

按照义务教育法的规定，我国义务教育"实行国务院领导，省、自治区、直辖市人民政府统筹规划实施，县级人民政府为主管理的体制"，"县级以上人民政府教育行政部门具体负责义务教育实施工作；县级以上人民政府其他有关部门在各自的职责范围内负责义务教育实施工作"。各级政府、各职能部门都要依法履行在义务教育阶段的职责。市、县（区）政府及教育行政部门是最终落实随迁子女义务教育入学的责任主体。从实践来看，地市一级政府制定政策后，按照县（区）政府执行政策的灵活度，可以分为统一执行（例如，东莞、济南、南京、苏州、西安）和自主执行（例如，成都、重庆、佛山、广州、合肥、杭州）两种模式。在自主执行模式下，各区（县）各自制定执行政策，同一城市内部不同区县随迁子女入学门槛各异。

二、农民工子女教育基本情况及主要问题——基于对46个地级及以上城市的问卷调查

（一）基本情况

1. 城镇公办学校就读占比72.85%，公办学校已经成为农民工随迁子女接受义务教育的主要方式

"十三五"以来，我国推进教育公平发展迈上新台阶，义务教育免试就近入学、公民同招入学等政策全面实施，农民工随迁子女接受义务教育情况得到明显改善。从问卷调查结果来看①，如图8-1所示，在城镇农民工随迁子女就读方式中，城镇公办学校就读占72.85%。公办学校已经成为城镇随迁子女主要的就读方式。打工子弟学校就读比例仅占6.92%，说明教育质量较差的打工子弟学校已经无法满足农民工对于子女接受优质教育的需求。但也要看到，仍有13.67%的城镇随迁子女就读方式为非政府补贴学位，也就意味着仍有大量处于义务教育阶段的随迁儿童就学没有纳入政府支出的大盘子里。

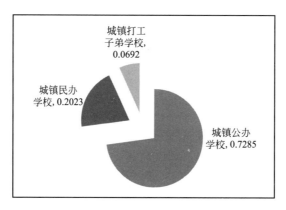

图8-1 城镇随迁子女就学途径
数据来源：课题组调查问卷数据。

---

① 如无特殊说明，数据均为基于问卷调查结果所得数据。

2. 城镇民办学校就读占比20.23%，民办教育在解决随迁子女义务教育就学中发挥着重要作用

如图8-1所示，在城镇民办学校就读的农民工子女占20.23%，说明城镇民办学校就读已经是解决随迁子女义务教育就学的重要途径。特别是一些农民工流入较多的省市，已经将办好民办教育作为提高随迁子女就学质量的重要举措。例如，广东省作为人口输入大省，在推动落实坚持以公办学校为主安排随迁子女就学的同时，通过政府在普惠性民办学校购买学位，补充公办学校学位的不足，解决了大量农民工随迁子女义务教育入学问题。

3. 对子女教育期望与自身就业地一致的占79.1%，农民工对子女随迁接受义务教育的需求和愿望较为强烈

从受教育意愿来看，实现子女随迁到就业所在地接受教育已经成为大多数农民工的愿望。如表8-1所示，农民工对子女教育期望与自身就业地一致的占79.1%。愿意在老家寄宿制学校解决子女就学问题的仅占4.2%，说明在老家修建寄宿制学校的方式已无法满足农民工子女教育的需求。

农民工对子女义务教育就读地的期望　　表8-1

期望的教育地	比例
在父母就业地就读	79.1%
在老家多建设寄宿制学校，送孩子回老家	4.2%
提高老家学校的教学质量，带孩子回老家	14.3%
其他	2.4%

数据来源：课题组调查问卷数据。

(二) 主要问题

1. 仍有43.49%有随迁就读意愿的农民工子女无法实现随迁就读

在农民工适龄子女中,实现城镇随迁就读比例仅为56.51%。从受教育意愿来看,农民工对子女教育期望与自身就业地一致的占79.1%;但真正能够实现随迁就读的比例仅在一半左右。相较于农民工的意愿,实际就读比例远低于期望值。

2. Ⅰ类城市农民工随迁子女获得公平教育的难度较大

如表8-2所示,Ⅰ类城市农民工子女在城镇随迁就读的比例为48.02%,明显低于56.51%的平均水平,Ⅱ类城市为51.4%,Ⅲ类地区为62.02%,Ⅳ类城市为58.7%,表明北上广深农民工随迁子女就读难度明显高于全国其他地区。如图8-2所示,在就读方式上,Ⅰ类城市农民工子女城镇公办学校就读比例62.87%,明显低于全国72.85%的平均水平;购买民办学校教育学位的比例为16.10%,远高于全国6.56%的平均水平,表明Ⅰ类城市公办学校学位缺口依然较大。

农民工义务教育年龄段儿童就读方式　　　　　　　　表8-2

项目	整体占比/%	Ⅰ类地区/%	Ⅱ类地区/%	Ⅲ类地区/%	Ⅳ类地区/%
在城镇公办学校就读	41.17	30.19	36.08	45.92	44.02
在城镇打工子弟学校就读	3.91	3.79	4.13	4.78	3.24
在城镇民办学校就读,不是政府补贴学位	7.72	6.31	8.17	8.03	7.63
在城镇民办学校就读,为政府补贴学位	3.71	7.73	3.02	3.29	3.28
在城镇随迁就读比例总计	56.51	48.02	51.4	62.02	58.17
在老家乡(镇)学校就读	19.93	24.76	26.56	16.35	17.07

续表

项目	整体占比/%	Ⅰ类地区/%	Ⅱ类地区/%	Ⅲ类地区/%	Ⅳ类地区/%
在老家县城学校就读	12.16	18.98	11.12	9.74	12.55
其他	11.40	8.24	10.91	11.89	12.21

数据来源：调查问卷数据。

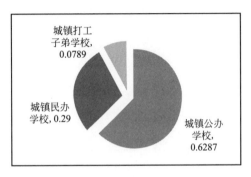

图 8-2　Ⅰ类城市农民工随迁子女义务教育就学途径
数据来源：调查问卷数据。

3. 城市规模越大，子女教育支出压力越大

子女教育支出过高已经对农民工家庭造成较大压力，使部分农民工无法实现子女随迁就读。如图8-3所示，子女在老家就读的农民工中，23.62%的农民工表示由于城镇学校收费太高，只能回老家就读。如表8-3所示，课题组问卷调查样本中，收入在5000元以下的农民工占78.67%，仅有五分之一左右的农民工能够达到5000元以上的收入水平。如表8-4所示，教育支出在3000元以上的农民工占53.56%，随着城市规模的扩大，占比逐步提高，Ⅰ类地区这一比例达到近六成。3000元的教育支出，对于月收入5000元的家庭来说，相当于六成收入用于教育，对于农民工家庭来说压力巨大。

虽然从政策上讲，"城市公办学校对农民工子女接受义务教育要与当地学生在收费、管理等方面同等对待，不得违反国家规定向农民工子女加收借读费及其他任何费用"。但是在执行过程中，农民工子女所要缴纳的费用包括学杂费、借读费、赞助费等多种名目的择校费。22.25%的农民工反映，交过赞助费、借读费后就读城镇公立学校。除择校费支出外，寄宿学生需要交纳一定数额的住宿费和膳食费；一部分学生选择在校外租房、家长陪读，农民工家庭需要承担高昂的租房费用和城市日常生活费。

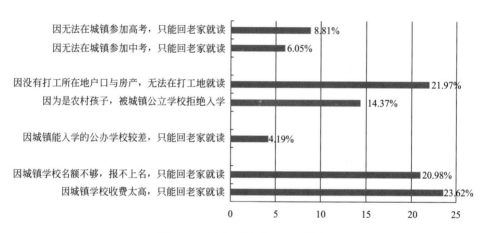

图 8-3 农民工子女返乡就读原因
数据来源：调查问卷数据。

农民工家庭收入情况　　　　　　　　表 8-3

月收入区间	占比/%
1500 元及以下	2.78
1501～2500 元	13.40
2501～3500 元	26.62
3501～5000 元	35.87
5001～8000 元	16.98

续表

月收入区间	占比/%
8000~15000元	3.94
15000元以上	0.41

数据来源：调查问卷数据。

农民工子女教育花费支出情况　　　　表8-4

支出区间	整体占比/%	I类地区/%	II类地区/%	III类地区/%	IV类地区/%
3000元以下	46.36	43.88	43.10	46.18	49.05
3000~5000元	24.69	24.34	25.98	23.56	24.92
5000~10000元	28.96	33.00	30.92	30.26	26.03
3000元以上	53.65	57.34	56.9	53.82	50.95

数据来源：调查问卷数据。

三、农民工随迁子女教育问题背后的制度性原因分析

通过调查问卷分析，可以看到，我国农民工随迁子女义务教育整体还面临着缺口大、公平入学和享受优质教育资源难等问题。制度体系设计是影响农民工子女义务教育的主要因素，深挖农民工子女教育的制度性障碍是解决好农民工子女教育问题的关键所在。

（一）户籍门槛仍然是突出的制度性障碍

1. 户籍所在地决定就近所能进入的学校

目前，我国义务教育实行"地方负责、分级管理"的办学体制。在这种体制下，学龄儿童入学由户籍所在地政府负责，并且按照户口所在地标准划分学区，实行就近入学，造成优质教育资源与住房挂钩的"财产"化特征明显。农民工大多居住在城乡接合部，家庭经济条件多无法承担优质学校所在片区住房购置费用，随迁子女能够就近进

入的学校大部分教学质量较低,特别是在Ⅰ、Ⅱ类城市,"上好学"的教育需求难以满足。

2. 户籍决定是否享受公平的教育过程

部分农民工随迁子女虽然进入公办学校读书,但由于没有城市户籍,无法获得流入地公办学校正式学籍。一些地方将这部分儿童的成长情况排除在学校和教师的考核体系之外,导致这部分学校和教师对所接收的农民工随迁子女教育重视程度较低,一些公办学校甚至为追求升学率将农民工随迁子女独立编班。

3. 户籍决定适龄儿童所能获得的教育经费

农民工随迁子女获得的教育经费通常低于同市县区域内本地户籍学生,同一区域内民办农民工子弟学校学生通常低于公立学校。例如,东部地区某省同一区县内,本地户籍学生与外地户籍农民工子弟相应生均教育财政拨款比值的均值为1.13。公立学校生均教育财政拨款为1467元,而农民工子弟学校仅为350元。

(二)支出责任划分不合理,农民工随迁子女教育经费配置不到位

1. 从央地关系来看,中央政府支出责任承担不足,县级政府支出压力过大

回答好"钱"从哪里来的问题是关系农民工随迁子女能否更好接受义务教育的关键。从财政支出责任来看,我国义务教育实施"地方负责、分级管理、以县为主"的财政支出体制。也就是说,县级政府是农民工随迁子女义务教育经费的主要承担主体,这就给县级财政造成了较大的支出压力。县级政府财税来源少,承担的公共支出责任大,统筹力度低,对于农民工随迁子女教育经费支出的保障往往"捉襟见肘"。部分流入地县级政府面对规模庞大、未列入义务教育预算范围内

的农民工随迁子女,既缺乏足够的财政供给能力,又欠缺财政供给意愿,导致仍有大量随迁子女教育支出实际上缺少财政支持。

2. 从流入地与流出地关系来看,东部地区城市仍有较大的财政支出压力

2015年11月,《国务院关于进一步完善城乡义务教育经费保障机制的通知》(国发〔2015〕67号)发布,对生均公用经费基准定额的央地承担比例及资金流动可携带作出了明确规定。文件要求,"落实生均公用经费基准定额所需资金由中央和地方按比例分担,西部地区及中部地区比照实施西部大开发政策的县为8∶2,中部其他地区为6∶4,东部地区为5∶5",建立城乡统一的义务教育经费保障机制,"实现'两免一补'和生均公用经费基准定额资金随学生流动可携带"。

按照这一规定,目前农民工子女流动可携带的义务教育经费仅仅限于生均公用经费基准定额资金范围内。东部地区人口流入地往往经济较为发达,生均经费支出水平明显高于大多数输出地,可携带的生均公用经费基准定额资金仅能满足一小部分费用支出需求。北京市2019年普通小学生一般公共预算教育经费约为3.7万元,深圳市约为3.5万元,上海市约为3.0万元;而西部地区相对发达的重庆仅约为1.3万元,成都约为1.2万元[①]。对于东部地区而言,生均经费差额需要自行补齐,对农民工随迁子女实现"一视同仁"的经费保障支出压力较大。

此外,根据《义务教育法》规定,"用于实施义务教育财政拨款的增长比例应当高于财政经常性收入的增长比例,保证按照在校学生人数平均义务教育费用逐步增长,保证教职工工资和学生人均公用经费

---

① 数据来源:根据各地教育统计情况公告整理。

逐步增长"①。因此，人口流入地不仅要增加经费支出，还要保障经费支出的同步增长。这就又增加了流入地政府吸纳农民工随迁子女接受义务教育的支出压力。

（三）优质教育资源供给不足，供需在总量和结构上存在双重矛盾

1. Ⅰ、Ⅱ类城市供给矛盾突出

农民工随迁子女入学最大的难点在于优质教育资源的不足，较高等级城市这一现象尤为突出。伴随着我国城镇化进程的快速推进，城镇农民工数量迅速增加，义务教育阶段适龄儿童人数增长速度超出了城市公办学校的承受能力，城市公办教育资源供给难以满足现阶段的教育需求。在教育资源特别是优质教育资源紧缺的情况下，农民工随迁子女获得公平教育机会始终难以得到根本性解决。人口集中流入地区学校的教学设施、师资数量、教学经费等资源与适龄儿童数量增长不匹配，直接限制了这些地区教育资源的供给能力。特别是教师编制问题难以突破，从教老师数量增长难以与学生增长速度匹配，一些学校为了确保完成正常的教学任务，需要通过临时聘用的形式补充师资力量。由于待遇相较于正式编制教师明显偏低，导致这部分教师稳定性差，直接影响了就学儿童所能得到的教育质量。未来，人口将进一步向中心城市和城市群集聚，Ⅰ、Ⅱ类城市优质学位供给的压力将持续加大。

2. 大部分接收农民工子女入学的民办学校教育质量较低

购买民办学校学位是很多地方解决农民工随迁子女入学的重要途径。但与公办学校相比，大部分接收农民工随迁子女入学就读的民办

---

① 参见《中华人民共和国义务教育法》（2018修正）。

学校在硬件配套、特别是师资力量、教育理念、发展平台等软条件上存在明显差距。在这些民办学校就读的农民工随迁子女，难以与城市公立学校儿童获得同样的教育资源，造成了实质上的教育不公平。

(四)程序繁琐、要求多，构成了实际的隐性壁垒

1. I、II类城市实际入学门槛仍然较高

从农民工随迁子女义务教育入学政策设计来看，大致可以划分为三类准入方式：材料准入制（例如北京、济南、南京等）、积分准入制（例如上海、广州、深圳等）、材料准入+积分混合制（例如杭州、重庆、成都等）。不论采取何种具体形式，其本质上体现的都是对农民工随迁子女在本地接受义务教育所设定的门槛。从表8-5来看，从不同门槛设定的倾向来看，大致可以将不同城市政策制定的偏好分为稳定发展偏好型、人才偏好型、两者兼具型三类。I、II类城市通过设定父母较长的稳定居住、就业年限，或较高的学历、技能等要求，形成了较高的入学门槛，这就意味着虽然名义上放开了随迁子女入学通道，但实际上仅能满足小部分农民工需求。

不同地区农民工随迁子女义务教育入学政策偏好分类　　　表8-5

偏好类型	特征	标准设定	典型城市
稳定发展偏好型	强调以流动人口在流入地的长期稳定发展为主要判定依据	以就业年限、居住年限、房产种类等为主要标准	北京、成都、深圳、武汉、西安等
人才偏好型	以吸引高层次人才为主要目标进行条件设定	以个人学历高低、获得奖励、专业技能等主要标准	佛山、东莞、广州、苏州等
两者兼具型	兼具前两者特征	兼具前两者特征	上海、杭州等

资料来源：根据各地材料整理。

2. 证明较多、手续繁琐

不同城市对随迁子女义务教育入学申请所要求提供的材料各不相同。多数地区要求提供城市暂住证、学历证、父母工作证明、劳务合同、户籍证明、房产证、房屋租赁合同、养老保险证明等一系列证明材料。一些证明材料如就学联系函、流入地无监护条件证明等还需申请人返回户籍地进行办理，农民工需要多次往返家乡和城市，增加了申请办理难度。此外，由于办理期间不可控人为因素的出现，以及农民工难以获取对政府相关职能部门职责的精准认知，手续的办理会变得更加困难。

（五）Ⅰ类城市异地高考问题未能实现实质性突破，利益博弈复杂交织

高考是农民工随迁子女接受义务教育结果的体现。尽管各地均出台了异地高考政策，农民工随迁子女实现异地高考有了渠道，但部分人口流入集中地城市标准依然较高，随迁子女无法顺畅地在父母务工所在地参加高考。特别是Ⅰ类城市矛盾突出、难度较大。以北京为例，制定的标准较高，除对随迁子女本人要求满足学籍所在地为北京且连续就读高中三年的条件外，还对农民工家长规定了较高的标准，包括拥有合法稳定的住所、就业时间满六年、连续缴纳六年社保等较难达到的累积性条件。然而，即使满足所有条件，农民工随迁子女也仅能够报考北京高职院校，形成了制度性歧视。

异地高考矛盾产生的根源在于不同地区间的教育资源分布差异，涉及进城务工人员、无户籍常住居民、有户籍本地居民等不同利益相关群体，是否应该完全放开异地高考政策的主要争议在于对"高考移民"的担忧。设置一定的条件防止"高考移民"是合理且必要的，但

如果以此为理由一刀切地将随迁子女拒绝在本地高考制度之外是有失公平的，实际上造成了义务教育结果的不公平，降低了农民工随迁子女群体的教育期望，影响农民工及其随迁子女的社会融入。

（六）法治保障薄弱，农民工子女平等受教育权利保护不足

我国农民工随迁子女平等受教育权缺少法治保障，多以政策文件的形式加以规定，缺少稳定性和权威性。从法律法规的完善性来看，异地升学、居住地入学、各级政府事权与财政支出责任等关键性问题法律保障缺位。我国现有法律体系对于地方政府失职或滥用权力行为没有明确的惩罚措施，一旦出现地方政府出于地方保护主义未有效保障农民工随迁子女的受教育权，农民工缺少相应的追责依据和手段。司法救济途径欠缺，农民工随迁子女平等受教育权受到侵害后，只能向上级行政部门进行申诉，难以得到有效保障。

四、区域差别化梯次推进农民工落户城镇的随迁子女教育政策建议

在教育公平价值取向指引下，协调好各方利益关系，抓紧突破制度性障碍，有针对性地加快破解Ⅰ、Ⅱ类城市的突出问题，最大限度地降低改革成本。

（一）加快推动Ⅰ、Ⅱ类城市义务教育入学与户籍解绑

合理设置农民工随迁子女义务教育入学标准，减少并最终消除以户籍为标准对随迁子女进行入学、分班。推动综合性制度改革，联动推进户籍制度、财政制度、教育体制改革，推动教育、发展改革、公安、人社等多部门协同联动，重塑农民工随迁子女义务教育制度保障体系。系统设计Ⅰ、Ⅱ类城市户籍制度改革路线图和时间表。北京、上海、深圳、广州Ⅰ类城市难度最大，建议从优化入学条件设计入手，

对于长期在城市就业的农民工子女优先解决平等入学问题，伴随着教育资源数量和质量的提高，逐步降低相应门槛。

(二) 合理划分央地财政事权和支出责任

1. 提高中央及省级财政支出责任

推动教育资金的财政义务承担主体上移，中央政府提高相应支出责任，特别是要提高跨省流动随迁子女的中央政府支出责任，提高教育经费的流动性。充分考虑东部流入地政府教育资金需求逐日增加的现状，研究调整东部地区生均公用经费基准定额央地分担比例，适当上调中央政府承担比例。进一步提高省级政府义务教育经费支出比例，减轻县级政府支出负担。

2. 全面落实并适度放宽"钱随人走"

加强落实监督，确保"两免一补"和生均公用经费基准定额资金随学生流动可携带。在提高中央财政支出比例的前提下，研究放宽生均教育事业费的流动性。进一步加大中央政府向欠发达地区的公共服务财政转移支付，同时保证这部分资金能够随着人口流动变成可携带的资源。大力推进教育管理信息化，提高教育经费管理现代化水平，创新义务教育转移支付与学生流动相适应的管理机制。

(三) 以Ⅰ、Ⅱ类城市为重点推动义务教育资源供给量质齐升

1. 以常住人口为基数标准

改变教育资源按户籍人口配置方式，加快向以常住人口为基准配置相应资源的模式转变，努力实现城镇义务教育资源覆盖城镇常住农民工随迁子女。推动各地开展教育需求和教育资源调查，准确掌握教育资源总量及配置、农民工随迁子女接受教育需求，并科学预测核心数据的变化趋势。基于科学调查和预测的数据基础，对接受随迁子女

较多的省份在学校总量、经费配置、教师编制配置等方面给予必要的支持，确保随迁子女的教育需求与教育供给相匹配。结合常住人口、教育资源情况以及发展趋势，充分考虑随迁子女居住多位于城乡接合部的实际，优化完善中小学规划布局，科学均衡配置教育资源，特别是优质教育资源配置，满足农民工随迁子女合理的教育需求。

2. 深化教师编制管理改革

充分考虑以人为核心的新型城镇化的要求，适应新形势下教育需求的变化，从中央层面总量调剂，合理增加教师编制总量。按照承载常住人口数量和农民工随迁子女入学需求，统筹核定教职工编制数量，盘活存量事业编制存量，优化编制结构，新增编制进一步向教师队伍倾斜。引导支持地方探索多种形式的编制调剂，加强教师编制的总体统筹，加大教职工编制统筹配置和跨区域调整力度。严格规范中小学教职工编制管理，对于挤占、挪用、截留教师编制的行为予以严惩。

3. 支持民办教育高质量发展

制定统一的义务教育阶段学校教育设施配置标准，对于因资金短缺问题而无法达到标准的民办学校，在审核教育资金短缺以及教育设备欠缺情况属实的情况下，与公办学校"一视同仁"发放教育资金财政补贴。保障民办学校教职工人员"五险一金"、教职工食宿等待遇，加大培训进修支持力度，吸引更多的优秀的师资力量，缩小与公立学校的师资差距。

（四）分区域制定以学籍为主要依据的异地高考政策

1. 强化学籍导向

推动高考报名不再以户籍为依据，逐步建立并完善学籍报考制度，最终实行基于学籍的高考报名、录取制度。现阶段，建议以"学籍年限+就业/居住年限"作为能否参加异地高考的判定标准,以在防止"高考移民"和落实"异地高考"之间取得平衡。具体来讲,可以将硬性条件由"户籍"调整为"学籍+居住证"或者"学籍+纳税证明"标准,突出强调学籍的决定性作用,保障长期在流入地城市学习的农民工随迁子女能够平等地参与学籍所在地高考,同时有效防止"高考移民"的投机行为。随着城市教育供给的优化和相关配套改革的完善,各地可以逐渐降低对父母就业或居住年限要求。

2. 分类制定并完善异地升学政策

从异地高考推进的步骤看,要按照不同地区分类稳步推进相关工作,坚持公平、高效的原则,结合防止"高考移民"的实际压力,合理设置"学籍年限+就业/居住年限",以差异化的年限要求体现防止"高考移民"的压力差异。

对于生源多、优质高等教育资源稀缺、高考录取率整体较低的省份,例如河南、山东等省份,可优先基于居住证完全放开"异地高考"。对于生源较少、高考录取分数较低的西部欠发达地区,例如贵州、广西等省份,是"高考移民"的重点目标,可在居住证基础上,适当提高对学生本人拥有本地学籍年限的要求。对于生源较少、优质高等教育集中、高考录取率较高的Ⅰ类城市,例如北京、上海等省市,考虑到这些地区流动人口群体庞大并且防止高考移民的难度较大,须制定相对公平的准入条件,进一步细化"学籍年限+就业/居住年限"的标准制定,逐步畅通在本地就读一定年限的农民工随迁子女参加高考的渠道。

3. 优化配套制度改革

异地高考制度改革绝不仅仅是高考报名政策本身,还需要综合优化包括考试制度、招生制度等多项制度在内的改革。特别是要抓紧研究优化招生名额分配制度，逐步弱化并取消高校在各地招生名额的户籍分配标准，强化学籍人数标准，适当增加人口流入主要城市招生指标，最大限度地减少利益冲突。

（五）以人为本优化农民工随迁子女入学申请政策

1. 简化就读手续

精简非必需材料，降低材料的复杂程度，简化繁杂的入学条件、入学相关证明材料以及入学程序。增加可替代性材料，对材料提交时限和形式做出更具弹性制的规定。流入地教育行政部门和中小学要及时主动公开相关入学政策，做好政策宣传和宣讲，明确招生计划、入学手续、办理时间等要求，保障入学程序规范透明。

2. 优化服务方式

推动各地将农民工随迁子女义务教育入学申请纳入政务大厅服务范围，并开通"绿色通道"，提高各级政府服务意识，帮助和指导农民工高效便捷办理入学申请，逐步探索提供"一站式"服务。发挥社区、社会组织的作用，提高农民工及其子女对入学政策的理解，进一步提高农民工对相关政策的知晓度和满意度。

（六）加快完善法治保障

从法律层面明确保障适龄儿童在户籍所在地或居住地学校就近入学，义务教育"就近入学"原则不受户籍影响，对适龄儿童义务教育入学不受歧视、异地升学等权利作出具体明确的保障性规定。进一步细化教育经费支出责任，明确各级政府对教育投入占本级财政支出的比例，从法律层面确保义务教育经费支出财权事权相统一。加强监督执法，对于没有落实相关职责的地方政府明确相应的惩罚举措，确保相关责任落实。完善司法救济制度，将维护受教育权纳入行政诉讼受案范围，加强对农民工随迁子女平等受教育权的保障。

参考文献

1. 石宏伟. 新生代农民工随迁子女义务教育公平问题的制度研究［J］. 江苏大学学报：社会科学版，2015（3）：61-65.

2. 葛维春. 随迁农民工子女的升学困境及应对措施［J］. 北京社会科学，2014（7）：24-30.

3. 欧阳慧. 谨防农民工落户的"隐形门槛"［J］. 中国发展观察，2016（15）：32-34.

4. 《中华人民共和国义务教育法》（2018年修正）. 2018.

5. 欧阳慧，邹一南. 分区域分群体推进农民工差别化落户城镇［J］. 中国软科学，2017（3）：71-78.

6. 《国务院关于解决农民工问题的若干意见》（国发〔2006〕5号）［S］. 国务院，2006.

7. 李慧. 农民工随迁子女异地升学的可行能力缺失与提升［J］. 教育科学研究，2014（1）：25-29.

8. 周丽萍，庾紫林，吴开俊. 新生代农民工随迁子女义务教育财政公平探究：基于中国教育追踪调查和实地调研［J］. 教育发展研究，2019，39（20）：61-69.

9. 李晓琳. 我国户籍制度改革的梗阻问题分析［J］. 中国经贸导刊，2017（27）：56-58.

10. 张劲松. 农民工子女义务教育的公共政策分析［J］. 云南行政学院学报，2005（6）：74-77.

11. 《国务院关于进一步完善城乡义务教育经费保障机制的通知》（国发〔2015〕67号）［S］. 国务院，2006.

12. 王洛忠. 流动人口随迁子女义务教育阶段就学政策研究：基于18个城市政策文本的分析［J］. 学习与探索，2020（3）：23-31.

第九章 区域差别化梯次推进农民工落户城镇的重大战略举措

战略即选择。推动农民工落户城镇是一个长期复杂的系统工程，必须总揽全局、统筹兼顾，找到关键环节，率先突破，通过实施"1亿农民工美好定居计划"、在人口流入重点地区开展农业转移人口市民化综合改革试点、完善基本公共服务标准化体系、构建全国公开统一的户籍迁移平台等重大战略举措，加快实现战略性突破。

一、实施"1亿农民工美好定居计划"

综合考虑扩大内需、扩大中等收入群体规模、促进农民工真正融入城市、稳定城市产业工人队伍等诸多因素，建议抢抓我国农业转移人口市民化"窗口"期，聚焦力量，实施"1亿农民工美好定居计划"，通过政策性保障住房、购房补贴、贴息贷款等多种方式，从2021年开始连续10年促进年均1000万有条件有意愿的进城存量农民工及其家属在城镇定居，牵引进城存量农民工平等享有城市公共服务，破解当前农民工市民化质量不高问题，扩大城市投资消费需求，进一步发挥新型城镇化对经济高质量发展的引擎作用。

"定居计划"中的"1亿农民工"是指在城镇有稳定就业且定居意

愿强烈的长期进城农民工及其随迁家属。根据对全国14个省份46个城市的问卷调查显示，当前我国长期进城（进城年限>5年）农民工约为9200万人，其中未解决稳定住房问题的农民工约有5700万人，他们留守在老家的配偶及子女约为4300万人，两者合计约为1亿人。"定居"指通过加大对这些农民工的政策性租赁房、公租房、经济适用房、可支付健康住房、购房补贴等多种政策供给，基本解决这些农民工举家进城的"稳定住所"问题。同时，该计划在具体实施中也可考虑统筹解决城市中低收入大学毕业生、低收入和中等偏下收入家庭等群体的城市保障性住房问题。

定居计划的主要举措如下。

一是多渠道筹集面向农民工的保障性房源。扩大保障性住房农业转移人口覆盖面，将保障性住房（含公共租赁房）纳入居住证基本公共服务保障范围。鼓励政府将持有的存量住房用作保障性住房，鼓励有关机构整合拥有长期租赁权的社会闲置房源用作廉租房，政府予以租金补贴。支持利用集体建设用地建设的租赁住房，政府长期租赁作为公租房。加快长租房市场创新发展，鼓励相关机构以市场化手段、以低成本资金整合各类资源，把大量社会闲置房源转化为长租房源。支持各地立足当地实际，制定在商品住房项目中配建保障性住房政策，明确配建比例。

二是鼓励园区和企业建设农民工住房。按照"政府引导、政策扶持、企业运作、规范管理"的原则，鼓励支持地方政府在外来务工人员集中的开发区和工业园区，引导各类投资主体建设面向农民工的保障性住房，优先保障用工单位和园区的外来务工人员，开发区和工业园区的生活配套设施用地中应安排不低于30%的用地，作为公共租赁住房等保障性住房建设用地。继续支持农民工数量较多的企业在符合规划和规定标准的用地规模范围内,利用企业办公及生活服务设施用地建设农民工保障住房。对于企业投资建设的公共租赁住房,免征相关行政事业性收费和政府性基金、城镇土地使用税、涉及的印花税、租金收入的营业税和房产税;支持纳入地方公共租赁住房建设项目,享受有关优惠政策。

三是通过城市旧城、老旧小区及城中村改造提供可支付房源。目前,城市旧城、老旧小区及城中村既是农民工集聚区,为农民工提供了大量的廉价住房,也是城市治理的难点地区。相关研究表明,近年来,广州通过更新改造50%的城中村,可以提供201.3万套可支付健康住房,即可以满足全部中低收入农民工和外来务工人员的住房需求。建议联动解决城市旧城、老旧小区及城中村改造和农民工住房问题,明确将面向农民工的可支付租赁住房纳入城市旧城、老旧小区及城中村改造的目标,支持利用集体建设用地建设面向农民工的租赁住房,重点增加小户型、配套齐全的可支付租赁住房,完善配套公共服务和市政基础设施。

四是政策支持满足农民工自购房需求。鼓励各城市根据当地具体物价水平和发展阶段,利用税收和信贷政策激励房地产商开发面积适中的紧凑型住房,加大经济适用房、限价房或共有产权房的供给比重,制定稳定的指导价格。支持农民工购买首套普通商品住房,探索采取先购后补、定额补贴、分级结算、直补到户的方式,给予满足一定条件的农民工家庭一定补贴。根据中高收入农民工占比和农民工购房需求测算,到2025年,进城农民工自购房比例有望提升至26%以上。

五是建立政府、企业、个人、社会成本分担机制。构建并坚持由政府（中央政府、地方政府）、企业、个人、社会共同参与的成本分担机制，根据"安居行动"所需要的成本支出以及配套服务，明确成本承担主体和支出责任。政府承担的成本主要包括保障性住房和配套公共服务投入等方面的建设成本以及相关管理服务成本；企业主要承担配建保障性住房的成本等；农民工自身承担购买或租赁房屋等方面的成本。建立公共服务社会捐赠基金，积极调动市场主体积极性。

二、在人口流入重点地区开展农业转移人口市民化综合改革试点

东部沿海城市群地区是户籍制度改革的难点和重点地区。建议选择城市群地区开展农民工落户综合试点，赋予先行先试权利，在土地制度改革、公共服务供给、"三挂钩一维护"等方面加大支持力度，率先探索建立成本分担机制，率先实行户籍准入年限同城化累积互认，率先探索户籍制度、教育、医疗、养老等社会福利一体化连通管理，努力为农业转移人口聚集地区户籍制度改革探索道路，提供可复制可推广的经验。具体举措如下。

一是"人地钱"挂钩政策向59个重点城市倾斜。对人口流入重点城市，在中央、省级政府支持下按照高质量发展的内在要求强化要素集聚，强化保障农民工落户的土地、资金、人才等要素保障。扩大农民工聚集地区土地供给，推动土地计划指标更加合理化，城乡建设用地指标使用更多由省级政府负责，探索建立全国性的建设用地、补充耕地指标跨区域交易机制。适度加大对农民工集聚地区的支持力度，增加一般性转移支付，特别是均衡性转移支付的规模和比例，扩大债券规模，提升专项债券市场化水平，建立多元化可持续的资金保障

机制。

二是把住房保障作为推进农民工落户的关键环节。调研发现住房是农民工自我感觉落户城市能力不足的最直接的体现，也是阻碍落户城市最大的"拦路虎"，建议人口流入重点地区重点把农民工的住房摆到更加重要的位置，加大政策支持力度，推动农民工落户城市。要以解决城镇新居民住房需求为重点，建立健全购租并举的住房制度，加快完善城镇住房保障体系。扩大沿海外来人口密集地区土地供给，促进房价进一步合理回调，使部分农民工具有相应购房的能力。建立农业转移人口退出农村宅基地与在城镇购房优惠联动机制，实现农业转移人口城镇的"住房梦"。鼓励地方政府利用集体建设用地为落户农民工提供基本住房保障。

三是综合施策保障随迁子女教育。调研发现，农民工子女就学问题在外来人口密集地区依然大量存在"上不了学、上不好学"等现象。加大中央和省财政对农民工随迁子女义务教育的成本分担责任，适度提高重点城市随迁子女义务教育补助标准，探索按照流出地生均可携带经费标准对财政压力较大的人口流入地区进行转移支付，将定居人口数量及占比作为中央和省级财政奖励资金的分配因素并提高权重设置，将教育基本项目纳入地方政府专项债券发行范围。进一步压实流入地政府对农民工子女教育问题的责任，加大力度补齐教育设施和学位供给短板，加大考核力度。在教育供给需求矛盾突出的人口流入地区，鼓励和支持社会资本通过独资、合资、合作等形式举办中小学校、幼儿园，加大对民办学校的财政扶持力度，鼓励设立地方民办教育专项资金，在公办学校结对帮扶、委托管理、教育设施设备、教学资源建设与应用、师资培训、从教津贴等方面扶持民办学校发展。

三、聚焦问题，完善基本公共服务标准化体系

围绕加快推进农业转移人口市民化总体目标，按照"全覆盖、兜底线、均等化"的原则，逐步推进以"七有"（幼有所育、学有所教、劳有所得、病有所医、老有所养、住有所居、弱有所扶）为统领的基本公共服务覆盖未落户的城镇常住人口。近期，针对影响农业转移人口在城镇长期定居的突出问题，重点解决住房保障和子女教育等两大核心需求；远期，逐步实现基本公共服务常住人口全覆盖和城乡间、地区间均等化，全面提升农业转移人口享有城镇基本公共服务的质量和水平。

幼有所育。推进优生优育、幼儿健康、幼儿教育和关爱保护等国家基本公共服务内容向农业转移人口覆盖。为0~6岁儿童提供健康管理和预防接种，加强特殊儿童群体、困难儿童基本生活保障、基本医疗保障等；建立健全农村留守儿童信息系统，对无监护能力的农村户籍未成年人提供家庭监护指导、心理关爱、行为矫治等服务。

学有所教。为普惠性幼儿园在园家庭经济困难儿童、孤儿和残疾儿童提供学前教育资助。降低农业转移人口随迁子女义务教育阶段就学门槛，简化随迁子女义务教育阶段就学办理材料和流程，提高就业、居住、社保缴纳年限等在积分入学制中所占比重。推动"两为主""两纳入"政策落到实处，研究适时将"两为主""两纳入"政策纳入《中华人民共和国义务教育法》，明确考核评价方法。统筹解决随迁子女就学经费保障和教师编制不足问题，增加中央财政对跨省农民工随迁子女义务教育承担的经费责任；支持流入地统筹协调不同事业单位编制，把通过撤并、改企转制等方式收回的事业机构编制资源，优先用于中小学校的编制需要；探索建立教师编制跨省调剂机制。逐步解决

随迁子女中、高考考试准入资格限制问题，逐步取消以户籍为依据的中高考报考限制，探索建立以"本地居住年限+本地连续受教育年限"为依据的"学籍+常住地"报考制度。允许随迁子女按照流入地普通高中学生学籍管理办法或相关规定，转入同类普通高中同层次学校就读。

劳有所得。对农业转移人口实行公平就业准入，清理不利于非户籍人口公平就业的歧视性政策，推动所有企事业单位面向社会组织公平招聘、择优录用；加强对农业转移人口就业服务，加强各级就业服务平台基础设施建设，提供标准统一的就业服务；进一步普及劳动合同制度，保障进城务工人员合法权益。提升新时期农业转移人口就业能力，重点围绕市场急需紧缺职业，组织开展有针对性的定向、定岗培训和专项技能培训，大力开展维修、家政、养老等生活性服务业技能培训和快递员、外卖（跑腿、散送等）配送、汽车代驾员等新职业新业态培训。

病有所医。为常住人口提供全方位全周期健康服务。重点解决跨省异地就医问题，简化异地就医结算手续，推动跨省农业转移人口异地就医门诊费用直接结算。探索建立统一的信息转换平台，将就医地项目编码转化为参保地项目编码，为按照参保地目录结算创造条件。

老有所养。启动实施企业基本养老保险全国统筹制。推动以农业转移人口进城务工时间为主要依据确定社会统筹资金比例，缩短最低缴费年限。借鉴欧盟实现社会保险转移接续经验，采用"工作地缴费，分段记录；退休地发放，全国结算"的"分段计算"模式，将农民工在各参保地缴费时间的比例作为各地应当支付给劳动者养老保险待遇的份额。提高农民工社会保险参保率，合理确定社会保险最低缴纳水平，适度增加财政投入补助农民工缴纳费用；将参保不足1年的农民工等失业人员纳入常住地失业保险保障范围。2019年，我国参加养老保险、失业保险、工伤保险的农民工占比分别为35.3%、28.5%和41.4%，与2009年相比，年均分别提高了2.8、2.5和2个百分点，以此估算，2025年，参加养老保险、失业保险、工伤保险的农民工占比至少应达到52.1%、43.5%和53.4%。

住有所居。扩大保障性住房农业转移人口覆盖面，将保障性住房（含公共租赁房）纳入居住证基本公共服务保障范围，将居住证持有年限或社保缴纳年限作为保障性住房申请依据，采取与本地户籍居民同等的准入条件、审核流程和申请标准。降低农民工纳入住房公积金制度的条件，简化公积金提取流程。优化保障性住房供给模式和布局，结合旧城改造、城中村改造和新城新区开发，加大保障性住房供给；增加面向农民工的保障性住房供给，制定农民工住房保障计划，显著扩大建成公共租赁住房定向供应农民工比例。积极培育住房租赁市场，大力发展长租房市场，支持集体建设用地建设租赁住房。鼓励各地因地制宜发展共有产权住房。

弱有所扶。推进贫困救助、临时救助、法律援助和残疾人服务等国家基本公共服务向非户籍城镇常住人口覆盖，实施最低生活保障制度。提供特困人员救助供养、医疗救助、临时救助和受灾人员救助，为符合条件的经济困难人口提供法律援助，为残疾人提供康复、托养、教育、就业、住房、文化体育、无障碍环境支持等服务，为贫困和重度残疾人参加社会保险提供个人缴费资助和保险待遇，为符合条件的困难残疾人提供生活补贴和重度残疾人护理补贴，为无业重度残疾人提供最低生活保障。建立跨省低保信息核查共享平台，各城市因地制宜设置低保准入条件，建立低保家庭收入、财产认定和核查办法。

四、加快构建全国公开统一的户籍迁移平台

各地落户政策内涵、流程、要求等差别较大，滋生了落户的"玻璃门、弹簧门"问题。建议注重应用互联网技术，构建全国统一公开的户籍迁移信息化平台（图9-1）。

该平台的功能主要包括以下三方面。一是户籍政策的"套餐化"组合。中央政府列出户籍政策的标准化条目，形成若干政策套餐，各地按规定选取套餐类型，减少户籍政策的碎片化，降低学习成本。二是落户办理流程的"一站式"服务。有落户需求的农民工可以在该平台上查阅所有地区的落户流程及条件，可以在线填写申请表格、上传证明等，让农民工能够快捷便利地完成户籍申办。三是推进落户的"公开化"监督。各地政府应定期将办理户籍人数、申请-批准率、服务和便利内容等在该平台上进行公开，接受社会监督，中央政府有关部门可依托该平台进行检查评估。

此外，对农民工落户城镇政策设计所涉及一些关键词语，根据以往的经验，如对其内涵不作具体界定，地方政府很可能从自身需要出发进行多种解读，使农民工落户政策效果大打折扣。因此，建议出台《区域差别化梯次推进农民工落户城镇实施细则》，界定关键名词的具体内涵。一要对长期进城农民工、举家迁徙农民工、新生代农民工的具体内涵有明确界定。二要对农民工落户条件明确具体内涵，如对"合法稳定就业""合法稳定居所"的内涵进行界定。三要对城市主城区、近郊区、远郊区等概念及划分方法作出明确界定（专栏9-1）。

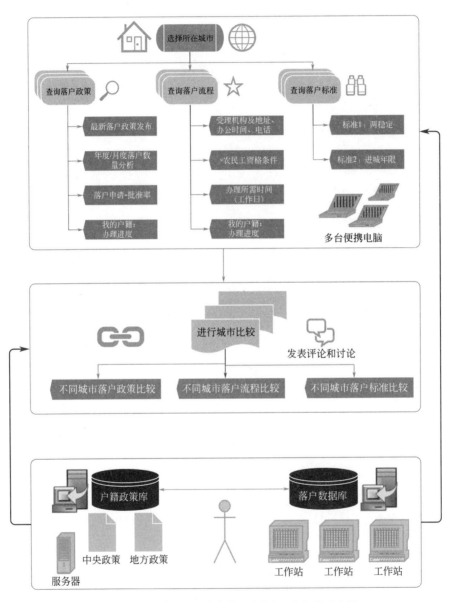

图 9-1 全国统一公开的户籍迁移信息平台架构示意图

专栏9-1　关键词的内涵界定

长期进城农民工：是指在某城市工作生活连续超过一定年限（一般为5年）的农民工群体。

举家迁徙农民工：是指与配偶（或子女）在同一个城市工作生活的农民工群体。

新生代农民工：是指1980年以后出生的农民工。

合法稳定居所：不考虑住房的来源，只考虑是否能够长期居住，可以以产权证、购房合同、租赁契约、借住证明等作为能够长期居住的依据，对房屋的居住面积不做硬性的要求。

合法稳定就业：不考虑职业性质，只考虑是否有职业且在一定的时间内有一定的收入；可以是劳动合同，也可以是工商营业执照，还可以是纳税的收据（包括企业所得税和个人所得税）；考虑到小城镇范围较小，各个乡村与镇城区距离较近以及我国长期以来实行的"两栖"式的人口转移方式等因素，农民工到小城镇落户的"职业"条件可以是小城镇范围内的所有合法职业，包括从事农业生产活动的职业，"合法稳定就业"的界定应更宽松一些。

长期进城年限：是指农民工在就业地城市工作生活的年数。

举家迁徙年限：是指农民工本人与配偶（或子女）在同一个城市工作生活的年数。

新生代进城年限：是指1980年以后出生的农民工在居住地城市务工的年数。

城区：以中心城区为基础，在城乡接合部通过边缘扩展、轴线扩展或多中心扩展等扩展模式发展起来的，符合城市功能、具有城市景观特征的集中连片的空间范围。一般包括主城区和近郊区。

续表

> 主城区：城区的核心部分，一般指城区行政中心地带。
>
> 郊区：城市主城区以外、市行政管辖范围以内的地区。根据同市区的距离，又可分为近郊区和远郊区。
>
> 近郊区：指与主城区紧密连接但还有部分农地和农村人口的市辖区，一般是城市功能拓展地区。
>
> 远郊区：指距离主城区较远的区县，在产业、功能等方面相对独立的农地和农村人口仍较多的市辖区县。

参考文献

1. 欧阳慧，李智. 迈向2035年的我国户籍制度改革研究［J］. 经济纵横，2021（9）：25-33.

2. 欧阳慧. "十四五"时期加快推进存量农民工在城镇落户定居［J］. 中国发展观察，2020（12）：32-33.

3. 欧阳慧，李智，李爱民. 进一步推动1亿非户籍人口在城市落户的政策建议：基于江苏、浙江的调研［J］. 中国发展观察，2019（23）：66-67+62.

4. 王青云，左健. 韩国快速城镇化时期城市住房问题及启示［J］. 宏观经济研究，2020（6）：159-167.

5. 欧阳慧. 一步到位以户籍化促进有条件农民工的城镇化［J］. 中国发展观察，2017（Z1）：15-16.

6. 岳伟，于利晶. "两为主"政策执行失真的原因及对策研究［J］. 教育理论与实践，2013，33（17）：9-12.

7. 王洛忠，徐敬杰，闫倩倩. 流动人口随迁子女义务教育阶段就学政策研究：基于18个城市政策文本的分析［J］. 学习与探索，2020（3）：23-31+174.

8. 刘俊贵，王鑫鑫. 农民工随迁子女义务教育经费保障问题及对策研究［J］. 教育研究，2013，34（9）：72-77.

9. 葛新斌，尹姣容. 农民工随迁子女异地高考困局的成因与对策［J］. 华南师范大学学报（社会科学版），2014（2）：48-52+159-160.

10. 姜立文，刘晨红，姜桦，李斌. 我国跨省异地医保联网直接结算的问题与策略研究［J］. 中国初级卫生保健，2019，33（6）：8-9.

11. 林怡婧. 包容性发展视角下农民工社会保险供给问题探析［J］. 武汉冶金管理干部学院学报，2018，28（3）：3-6.

12. 郭秀云. 劳动力转移就业与社会保障多边合作机制研究：借鉴欧盟政策设计及其启示［J］. 现代经济探讨，2010（3）：83-87.

13. 李靖堃. 从经济自由到社会公正：欧盟对自由流动劳动者社会保障的法律协调［J］. 欧洲研究，2012，30（1）：128-142，4.

城市编号：☐☐☐☐

问卷编号：☐☐☐☐

调 查 问 卷

您好！

  我们正在开展一项关于农村进城就业人员工作生活状况的问卷调查，以便为国家制订和完善有关政策提供信息和依据。对问卷中所有问题的回答都没有对错之分，请您根据自己的实际情况或想法填答。本问卷不记姓名，问卷信息仅供学术研究之用，我们保证对您的回答严格保密。

  您的回答对我们的调查工作非常重要，感谢您的合作！

课题组

2020年4月

填答说明：

1. 选择题如果没有特殊说明，都是单选题。

2. 回答每个问题时，请将答案填在题右侧的答题区内。

3. 问卷中如果有不清楚之处，请询问调查员。

注：该问卷版权属课题委托方，任何个人和单位未经允许不得使用。

一、个人及家庭基本情况

1. 您的性别是：

①男　　　　　　　　　　②女

2. 您的年龄（周岁）是：

①20岁及以下　　　　　　②21～30岁　　　　③31～40岁

④41～50岁　　　　　　　⑤50岁以上

3. 您的婚姻状况是：

①未婚（请跳至第6题）　　②已婚

③离异　　　　　　　　　　④丧偶

4. 您和您爱人是同乡吗？

①是，来自同一个省但不同城市

②是，来自同个地级市但不同县城

③是，来自同一个县城但不同乡镇

④否

5. 您和您爱人认识的方式是？

①同事　　　　　　　　　　②不是同事，但是在工作中认识的

③亲戚介绍　　　　　　　　④同事、老乡等朋友介绍

⑤通过社交网络认识　　　　⑥其他

6. 您对未来伴侣的期待是？［已婚的请忽略此题］

①希望在工作的城市找到另一半，也比较容易实现

②希望在工作的城市找到另一半，但较难实现

③希望在老家找到另一半，也比较容易实现

④希望在老家找到另一半，但较难实现

⑤没有认真想过

⑥其他（请注明）_____

7. 您的文化程度是：

①小学及以下　　②初中　　③高中　　④职高、技校或中专

⑤大专/高职　　⑥大学本科　⑦硕士研究生及以上

8. 您目前的户籍是：

①城镇户口　　②农村户口（请跳至第10题）

9. 您是通过什么政策渠道转为城镇户籍的？

①本人符合所在城镇户籍迁移政策

②本人符合所在城镇户籍随迁政策

③其他（请注明）_____

10. 您的户籍所在地是：

①与就业地不在同一个省

②与就业地在同一个省，不同地级市

③与就业地在同一地级市，不同的县

④与就业地在同一县，不同乡镇

⑤与就业地在同一乡镇

11. 您户口在_____省（市、区）_____市（州、盟）_____县（市、区、旗）_____街道（乡、镇）

12. 您目前常住在_____省（市、区）_____市（州、盟）_____县（市、区、旗）_____街道（乡、镇）

13. 您最初进城的原因是：

①务工　　　　　　　　　②经商

③随迁家属（投靠父母、配偶或其他亲属）　④工作调动

⑤升学　　　　　　　　　⑥参军

⑦照顾子女或孙辈　　　　　⑧子女读书

⑨就医　　　　　　　　　　⑩其他_____

14. 您已经外出进城多少年?

①不到6个月　　　②6个月~1年　　　③1年~3年

④3年~5年　　　　⑤5年以上　　　　⑥10年以上

15. 您在现在的城镇居住了多少年?

①不到6个月　　　②6个月~1年　　　③1年~3年

④3年~5年　　　　⑤5年以上　　　　⑥10年以上

16. 您父母的现居住地是?

①与我在同一城市或城镇　　②在老家县城或镇上

③在老家农村　　　　　　　④在其他城市或城镇

⑤其他_____

17. 您配偶的现居住地是?

①无配偶　　　　　　　　　②与我在同一城市或城镇

③在老家县城或镇上　　　　④在老家农村

⑤在其他城市或城镇　　　　⑥其他_____

18. 您子女的现居住地是?

①无子女　　　　　　　　　②与我在同一城市或城镇

③在老家县城或镇上　　　　④在老家农村

⑤在其他城市或城镇　　　　⑥其他_____

19. 您是否申领过居住证?

①是,只在1个城市申领过　　②是,在2个城市申领过

③是,在多个(3个及以上)城市申领过　　④没有申领过

20. 您认为居住证制度需要进一步调整完善吗?

①需要，希望简化居住证申领手续

②需要，希望简化居住证签注手续

③需要，希望增加凭居住证享有的公共服务和办事便利项目

④需要，其他（请注明）_____

⑤不需要

21．您在农村是否有土地权益？

①没有　　　　　　　　　　　②只有宅基地

③只有承包地　　　　　　　　④有宅基地和承包地

⑤有宅基地和承包地以及其他权益　　⑥不知道

二、就业状况

22．您目前的就业状况是？

①有固定工作　　②无固定工作（如零散工）

③无业失业　　　④其他（请注明）_____

23．您目前就业的行业属于：

①制造业　　　　②建筑业　　　③批发零售业

④交通运输、仓储和邮政业　　⑤修理　　　⑥住宿业

⑦餐饮业　　　　⑧居民服务　　⑨文化、体育和娱乐业

⑩租赁和商务服务业　　　⑪其他（请注明）_____

24．您目前的职业是：

①一般员工　　　　　　　　　②专业技术人员

③企业中高层管理人员　　　　④个体或私营老板

⑤其他_____

25．您是否与工作单位签订了劳动合同？

①与工作单位签订了劳动合同

②与工作单位签订过劳动合同,但合同已过期没有续签

③与劳务派遣公司签订了劳动合同

④没有签订任何合同

26．您认为目前的工作是否有发展空间?

①有,空间较大　　②有,空间一般

③基本没有　　　　④没有

27．您认为目前工作是否稳定?

①稳定　　　　②不太稳定　　　③很不稳定

28．您认为与您技能和资历相同的本地户籍人员的工资待遇是否一样?

①基本一样　　　②差别较大　　　③不清楚

29．您最希望政府提供哪方面的劳动就业服务?

①职业介绍和信息提供　　　②就业技能培训

③创业指导　　　　　　　　④创业资金扶持

⑤提供公益性就业岗位　　　⑥保护劳动权益

⑦不需要　　　　⑧其他_____

30．您参加职业技能培训的情况是?

①没有参加过任何培训　　　②当过学徒工

③自费参加过技能培训　　　④参加过政府组织的技能培训

⑤参加过企业组织的技能培训

31．您的职业技能等级是:

①没有技能等级　②初级技工　　③中级技工

④高级技工　　　⑤技师　　　　⑥高级技师

⑦其他 _____

32．您愿意参加职业技能培训吗？

①不愿意　　　　②愿意（请跳至第34题）

③看情况（请跳至第34题）

33．您不愿意参加职业技能培训的原因是？

［多选题］（请按重要性排序，最多选择2项）

①培训对涨工资没有直接作用

②培训对提升职业技能没有直接作用

③培训费用高

④培训占用工作时间

⑤培训占用个人时间

⑥培训太难

⑦以前参加过的培训没什么作用

⑧不打算长期在城市工作

⑨其他 _____

34．您会在下列何种情况下参加职业技能培训？

［多选题］（请按重要性排序，最多选择2项）

①培训对涨工资有直接作用　　②培训对提升职业技能有直接作用

③培训免费　　　　　　　　　④培训不占用工作时间

⑤培训有利于长远发展　　　　⑥其他 _____

35．您最需要哪个领域的职业技能培训？

［多选题］（最多选择2项）

①一般制造业　　②建筑业　　③批发零售业

④交通运输、仓储和邮政业　　⑤维修　　　　⑥住宿业

⑦餐饮业　　　　⑧家政服务　　　　⑨护工

⑩文化、体育和娱乐业　　　　⑪租赁和商务服务业

⑫托幼　　　　⑬电商　　　　⑭物流配送

⑮汽修　　　　⑯智能制造　　　　⑰现代农业

⑱人工智能、云计算、大数据等

⑲经营管理、品牌建设、市场拓展等　　　　⑳其他 _____

36. 您目前的月收入大概是：

①1500元及以下　　②1501～2500元　　③2501～3500元

④3501～5000元　　⑤5001～8000元　　⑥8000～15000元

⑦15000元以上

37. 你每个月的总支出占总收入的比重是？

①20%以内　　②20%～40%　　③40%～60%

④60%～80%　　⑤80%～100%　　⑥100%及以上

38. 您每个月用于非基本需求支出（如购买非必需品、电影、网络游戏、付费视频、网络直播、各类演出、旅游等）占月支出的比例是？

①10%以内　　②10%～20%　　③20%～30%

④30%～40%　　⑤40%～50%　　⑥50%～60%

⑦60%及以上

39. 您是否用过以下产品？［多选题］

①银行信用卡

②银行消费贷

③花呗、京东白条等网络消费信贷

④其他非消费类信用贷款

⑤以上均未使用过

40. 如果您现有工作发生变动需重新找工作，您还愿意在现在的城市生活吗？

①愿意，直到在现在的城市找到新的工作

②愿意，但3个月内找不到新工作就离开

③愿意，但半年内找不到新工作就离开

④愿意，但1年内找不到工作就离开

⑤不愿意，打算去其他城市找工作

⑥不愿意，打算回老家农村

⑦不确定，还没有认真考虑过

三、落户情况及意愿

41. 您是否清楚城镇的落户条件和手续？

[多选题]（最多选择2项）

①对就业地清楚

②对就业地知道一点，但不清楚

③对老家所在城镇清楚

④对老家所在城镇知道一点，但不清楚

⑤都清楚

⑥都不知道

42. 您觉得现居住城镇的落户条件怎样？

①落户条件太高了，很难达到标准

②落户条件还好，通过努力可以达到

③落户条件不高，现在就可以达到

④其他 ＿＿＿＿＿＿＿＿

43．您是否愿意将户口转为城镇户口？

①愿意　　　　　②不愿意　　　　　　③不确定

【已是城镇户口（请跳至第47题）】

44．如果要转为城镇户口，您希望：

①只自己转　　　②只让孩子转　　　　③只自己和孩子转

④只配偶和孩子一起转　　　⑤配偶孩子及父母一起转

⑥全家都转　　　⑦其他 ＿＿＿＿＿＿　⑧不愿意落户

45．如果转为城镇户口，您希望在哪里落户？

①就业地或居住地城市　　　②老家所在地城市

③老家所在县城　　　　　　④老家所在乡镇

⑤其他 ＿＿＿＿＿＿　　　⑥不愿意落户

46．在保留农村权益基础上，未来如果您具备什么样的条件，您将愿意转为城镇户口？

［多选题］（请按重要性排序，最多选择3项）

①在城镇工作较为稳定　　　②在城镇收入明显提高

③在城镇购买了商品房　　　④在城镇有条件申请保障性住房

⑤子女能够进入城镇公立学校就读

⑥子女能在城镇参加高考

⑦全家人在城镇可以团聚　　⑧在城镇不再受到城里人歧视

⑨进一步明确落户政策、简化落户程序

⑩不愿意落户

⑪其他原因 ＿＿＿＿＿＿＿＿＿＿

47．您愿意落户的原因是？

［多选题］（请按重要性排序，最多选择3项）

①城市的生活条件好　　　　②城市的公共服务和福利好

③城市工作机会多　　　　　④可以申请城镇保障房

⑤为了孩子接受更好的教育，可在当地参加高考

⑥不适应农村生活，回不去了

⑦从小生活在城市，完全适应城市生活

⑧能参加城镇选举

⑨不愿意落户

⑩其他（请注明）＿＿＿＿＿＿＿＿＿

48．您最希望退出农村三权（农村土地承包权、宅基地使用权、集体经济组织收益权）时得到哪方面的补偿？

①货币补偿　　　②在居住的城市享有保障性住房

③在居住城市购买商品房时享有补贴

④在居住城市减免社保缴费

⑤其他补偿（请注明）＿＿＿＿＿＿＿

⑥没有认真考虑过

⑦不愿意退出

【如果您已落户，请跳至52题作答】

49．您目前尚未落户城镇的原因是？

［多选题］（请按重要性排序，最多选择3项）

①不满足落户条件中稳定住所要求

②不满足落户条件中社保年限要求

③不满足落户条件中稳定就业要求

④不满足落户条件中学历要求

⑤不了解落户政策和手续

⑥满足文件落户条件，但落户办理人员实际上只认房产证，买了房才能顺利落户

⑦满足租赁落户条件，但是我的房东/老板不愿意帮我开具证明

⑧积分落户名额有限，估计5年内都排不到我

⑨正在办理，但手续繁琐、周期长

⑩不愿意落户

⑪其他原因 _____

【如果您愿意落户，请跳至52题作答】

50. 您不愿意或不确定是否要转为城镇户口，原因是什么？

[多选题]（请按重要性排序，最多选择3项）

①担心失去在农村的土地等权益

②在城镇没有稳定工作

③城镇生活费用太高　　　　④全家人难以在城镇团聚

⑤难以融入城镇生活　　　　⑥城镇难以解决住房

⑦子女就学问题依然难以解决　⑧需要照顾留在农村的老人

⑨未来有返回农村定居的计划

⑩未来有返回户籍所在地附近城镇落户的计划

⑪落户门槛太高　　　　　　⑫落户程序太过复杂

⑬已有居住证，不需要再落户

⑭其他原因请注明 _____

51. 如果保留农村的土地、宅基地和集体分红，您愿意落户城镇吗？

①不愿意落户　　　　　　　②可以考虑落户

③愿意落户　　　　　　　　④说不清楚

四、社会保险和养老

52. 目前用人单位/雇主为您缴纳的社会保险有?

[多选题]（最多选择6项）

①没有参加任何社会保险　　②城镇职工基本医疗保险

③城镇职工基本养老保险　　④工伤保险

⑤失业保险　　　　　　　　⑥生育保险

⑦住房公积金　　　　　　　⑧其他（请注明）_____

53. 您遇到的社会保险问题有哪些?

[多选题]（最多选择3项）

①一些用人单位或雇主逃避缴费责任

②社会保险关系跨地区转移接续难

③医保异地就医报销难　　　④个人缴费负担重

⑤城乡待遇不平等　　　　　⑥保障水平低

⑦其他（请注明）_____

54. 您打算以后在哪儿养老?

①现工作的城镇　　　　　　②老家城镇

③老家农村　　　　　　　　④子女居住的城镇

⑤不确定　　　　　　　　　⑥其他（请注明）_____

五、子女抚养和教育

55. 您有几个子女?

①0个（请跳至第63题）　　②1个　　　　　　③2个

④3个　　　　　　　　⑤4个及以上

56．您子女的受教育程度是？

［多选题］（每个子女选一项）

①没上过学　　　②小学　　　③初中　　　④高中

⑤职高、技校或中专　　　⑥大专/高职

⑦大学本科　　　⑧硕士研究生及以上

⑨在读　　　⑩尚未到学龄

57．目前您在读的子女在何处受教育？

①无子女在读　　　　　　②在城镇公办学校就读

③在城镇打工子弟学校就读

④在城镇民办学校就读，为政府补贴学位

⑤在城镇民办学校就读，不是政府补贴学位

⑥在老家县城学校就读

⑦在老家乡（镇）学校就读

⑧其他（请注明）_____

58．目前您子女在何处抚养？

①无子女需抚养　　　　　②由父母在城镇抚养

③由父母在农村抚养　　　④由（外）祖父母在城镇抚养

⑤由（外）祖父母在农村抚养　⑥由其他亲属在城镇抚养

⑦由其他亲属在农村抚养　　⑧其他（请注明）_____

【如果您的子女已成年，请跳至62题作答】

59．您对子女受教育地的期望是？

① 在父母就业地的公办学校就读

②在父母就业地的公办或民办学校就读

③提高老家学校的教学质量，带孩子回老家就读

④在老家多建设寄宿制学校，送孩子回老家就读

⑤其他（请注明）_____

60. 您对子女受教育程度的期望是？

①初中毕业　　　　　　　②高中毕业

③职高、技校或中专毕业　④大专/高职毕业

⑤大学本科毕业　　　　　⑥硕士研究生毕业及以上

⑦其他（请注明）_____

61. 您子女每年的教育支出是多少？

①3000元以下　　　　　　②3000～5000元

③5000～10000元　　　　 ④10000元以上

62. 您子女在入学方面是否遇到过以下情况？

[多选题]（最多选择3项）

①交过赞助费、借读费，然后就读城镇公立学校

②因交不起赞助费、借读费，只能就读城镇打工子弟学校

③因城镇学校收费太高，只能回老家就读

④因城镇学校名额不够，报不上名，只能回老家就读

⑤因城镇能入学的公办学校较差，只能回老家就读

⑥因为是农村孩子，被城镇公立学校拒绝入学

⑦因没有打工所在地户口与房产，无法在打工地就读

⑧因无法在城镇参加中考，只能回老家就读

⑨因无法在城镇参加高考，只能回老家就读

⑩其他（请注明）_____

六、居住

63. 您在现居住地的居住方式是？

①单位提供的集体宿舍（包括建筑工棚）　②自己租房

③政府提供的公租房　　　　　　　　　　④购买的经济适用房

⑤购买的共有产权房　　　　　　　　　　⑥自购商品房

⑦寄住亲戚家　　　　　　　　　　　　　⑧其他（请注明）_____

【如果您没有租房，请直接跳至66题作答】

64. 您租住房屋情况是？

①与家人同租　　　②与熟人合租　　　③与陌生人合租

④群租（多人租住一间）

⑤其他（请注明）_____

65. 您目前的月租金支出是？

①无　　　　　　　　②500元以下　　　　③500～1000元

④1000～1500元　　　⑤1500～2000元　　　⑥2000～2500元

⑦2500～3000元　　　⑧3000元以上

66. 您的现居住地点处于当地什么位置？

①中心城区　　　　　②近郊区　　　　　　③远郊区县城

④远郊区乡镇　　　　⑤其他（请注明）_____

67. 您是否在缴公积金？

①是，持续缴　　　　②曾经缴过，现已中断

③没有缴过　　　　　④不了解公积金

68. 您目前的购房按揭贷款月供支出是？

①无　　　　　　　　②500元以下　　　　③500～1000元

④1000～2000元　　　⑤2000～3000元　　　⑥3000～4000元

⑦4000~5000元　⑧5000元以上

69. 每月住房支出（月租金或月供）在家庭收入中占比？

①10%以内　　　　②10%~20%　　　③20%~30%

④30%~40%　　　　⑤40%~50%　　　⑥50%以上

70. 在现居住地，您希望如何改善住房条件？

[多选题]（请按重要性排序，最多选择3项）

①用人单位提供更舒适的集体宿舍

②用人单位提供夫妻宿舍

③用人单位提供租房补贴，自己租房

④政府建设专门的农民工公寓

⑤租住当地政府提供的公租房

⑥购买当地政府建设的经济适用房、限价房或共有产权房

⑦购买商品房

⑧政府改善外来人口集聚区的生活环境

⑨用人单位缴纳住房公积金

⑩其他（请注明）_____

71. 您是否申请过保障性住房？

①否，因为不了解有关政策规定

②否，因为不符合申请条件

③是，但没有申请成功

④是，且申请成功了

72. 除现住房外，您在别处是否拥有住房？

①是，在老家农村拥有住房

②是，在老家县城拥有住房

③是，在本市其他地方或其他城市拥有住房

④否

73．您未来长远的居住打算是？

①在现居住地购买商品房

②在现居住地租房

③回老家附近城镇购买商品房

④回老家附近城镇租房

⑤回老家农村自己盖房

⑥排队申请现居住地的保障性住房

⑦不确定

⑧其他（请注明）_____

七、社会交往

74．您在现住地的结交范围是什么？

[多选题]（请按重要性排序，最多选3项）

①单位同事　　　　　　②老家熟人

③在现住地认识的外地人　④在现住地认识的本地人

⑤其他（请注明）_____

75．您的主要休闲活动是什么？

[多选题]（请按重要性排序，最多选择3项）

①在家休息　　　②约见朋友　　　③外出购物

④运动健身　　　⑤网络购物　　　⑥网络游戏

⑦网络交友　　　⑧阅读　　　　　⑨参加培训

⑩去博物馆或看演出

⑪其他（请注明）_____

76. 您是否在现住地参加过社区活动？

①是，较为频繁　　　②是，偶尔参加　　　③否

77. 您是否愿意参加居住地组织的社区活动？

①非常愿意　　　　　②愿意

③无所谓　　　　　　④不愿意

78. 您是否参加过现住地社区或单位的选举？

①多次参加　　　　　②参加过，次数有限

③没参加过　　　　　④从没听说过有关选举

79. 您是否认为自己是这个城市的市民？

①是，我与本地户籍居民没什么区别

②是，但家人不这么认为

③不是，因为没有本地户籍

④不是，因为不能享有本地居民福利

⑤不是，因为内心没有归属感

⑥不是，因为未来不打算在本城市长期居住

⑦其他（请注明）_____

八、工会工作

80. 您是工会会员吗？

①是，工会关系在现在的工作单位

②是，但关系没有接转到现在的工作单位

③是，但工会关系在劳务派遣公司，不在现在的工作单位

④单位有工会，但是我没有加入

⑤单位没有工会

⑥不是会员,也不知道有没有工会

81. 您所在的单位有职工代表大会吗?

①有,我作为职工代表参加过　　②有,但我没参加过

③没有　　　　　　　　　　　　④不知道有没有

82. 您希望工会为您提供哪些服务?(最多选3项)

①职业介绍和信息提供

②职业技能培训

③创业培训和资金扶持

④在权益受到侵害时提供维权服务

⑤在生活遇到困难时提供临时救助

⑥职业病防治,发放劳动保护用品

⑦组织职工参与企业民主管理

⑧组织文艺演出、体育比赛等活动

⑨在节假日发放职工福利

83. 您每月的工资发放情况是:

①每月都按时发放　　　　　　②偶尔拖欠

③经常拖欠　　　　　　　　　④每月都拖欠

84. 您目前面临的最突出的劳动权益问题是:

①工资太低　　　　　　　　　②工作时间太长

③工资被拖欠　　　　　　　　④职业危害严重

85. 当劳动权益受到侵害时,您会向谁寻求帮助?

①当地政府　　②工会　　③老乡

④人大代表　　⑤上访

86. 您对工会为预防农民工职业病工作的评价是？

①非常满意 ②满意 ③无所谓

④不满意 ⑤非常不满意

87. 您对工会为农民工提供法律援助工作的评价是？

①非常满意 ②满意 ③无所谓

④不满意 ⑤非常不满意

88. 您对工会为解决拖欠农民工工资工作的评价是？

①非常满意 ②满意 ③无所谓

④不满意 ⑤非常不满意

89. 您对工会工作的整体评价是：

①非常满意 ②满意 ③无所谓

④不满意 ⑤非常不满意

90. 衷心感谢您参与我们的问卷调查！如果您还有什么建议或想法，请在此留言：

_____

_____

_____